島薗進
末木文美士
大谷栄一
西村明 編

近代日本宗教史 第2巻

国家と信仰

明治後期

春秋社

巻頭言

時代はどこに向かっていくのだろうか。近代的価値観が疑われ、「戦後」の理念は大きく揺らいでいる。災害や新たな感染症といった、人類史上幾度となく経験したはずのことがらが、しかし未知の事態を伴って、現代の人々の生活を脅かしてもいる。歴史の進歩という夢は潰え、混迷と模索が続いている。こうした状況の中で早急に解決を求めることは危険であり、遠回りであってももう一度過去を確かめ、我々の歩んできた道を問い直すことこそ、真になさねばならぬことである。近年、近代史の見直しが進められつつあるのも、そのような時代を反映するものである。

近代史の中で、もっとも研究の遅れていたのは宗教史の分野であった。近代社会において、宗教はともすれば前近代の名残として否定的に捉えられ、社会の合理化、近代化の中でやがて消え去るべき運命のものと見られてきた。それ故、宗教の問題を正面に据えること自体が時代錯誤的であるかのように見られ、はばかられた。これまで信頼できる近代日本宗教の通史が一つもなかったことは、我々関連研究者の怠慢という面もあるが、いかにこの分野が軽視されてきたかをありありと物語っている。

しかし、今日の世界情勢を見るならば、もはや何人も宗教を軽視することはできなくなっている。プラス面であれ、マイナス面であれ、宗教こそが世界を動かす原動力のひとつとして認識されつつある。日本においても、今日の政治や社会の動向に宗教が大きく関わっていることが明らかになっている。翻って日本の近代史を見直せば、そこにも終始宗教の力が大きく働いていて、宗教を抜きにして日本の近代を語ることはできない。そうした問題意識が共有されはじめたためであろうか、さいわい、最近この分野の研究は急速に進展して、従来の常識を逆転するような新たな成果が積み重ねられつつある。宗教から見た近代や近代史の問い直しも提起されている。

そのような情勢に鑑み、ここに関連研究者の総力を挙げて、はじめての本格的な近代日本宗教史を企画し、刊行することにした。その際、以下のような方針を採ることとした。

1、オーソドックスな時代順を採用し、幕末・明治維新期から平成期までカバーする。近代日本の宗教史を知ろうとするならば、まず手に取らなければならない必読書となることを目指す。

2、一面的な価値観や特定の宗教への偏りを避け、神道・仏教・キリスト教・新宗教など、多様な動向に広く目配りし、宗教界全体の動きが分かるようにする。

3、国家政策・制度、思想・信仰、社会活動など、宗教をめぐる様々な問題を複合的な視点から読み解くようにする。そのために、宗教学研究者を中心にしながら、日本史学・政治学・思想史学・社会学など、関連諸学の研究者の協力を仰ぎ、学際的な成果を目指す。

4、本文では、主要な動向を筋道立てて論ずるようにするが、それで十分に論じきれない特定の問題をコラムとして取り上げ、異なった視点から光を当てる。

以上のような方針のもとに、最新の研究成果を生かしつつ、しかも関心のある人には誰にも読めるような平易な通史を目指したい。それにより、日本の近代の履歴を見直すとともに、混迷の現代を照らし出し、よりよい未来へ向かっての一つの指針となることを期待したい。

編集委員　島薗　進　大谷　栄一
末木文美士　西村　明

近代日本宗教史　第二巻　国家と信仰――明治後期

目次

巻頭言　*i*

近代日本宗教史　第二巻　国家と信仰——明治後期

第一章　総論——帝国の確立と宗教

末木文美士

一　国家体制の確立と宗教

明治後期の日本と憲法

明治の四五年間（一八六八〜一九一二年）を前半・後半に分けるのはかなり乱暴な話のように見える。しかし、ちょうどその中間になる一八八九（明治二二）年に大日本帝国憲法が制定され、それが大きな画期となったことを考えると、大まかにそこで明治前期と後期を分けるのも、それほどこじつけとは言えないであろう。前期が混乱の中で試行錯誤しながら近代国家を立ち上げる過程であったのに対して、後期はひとまず国会開設と憲法制定によって近代国家の体制が整い、次のステップに向かう段階と見ることができる。

日清（一八九四〜一八九五年）、日露（一九〇四〜一九〇五年）の両戦争の勝利によって、国力を世界に示すことになり、列強の一角として帝国主義的進出のお墨付きを得て、朝鮮併合（一九一〇年）へと進む。他方、急速な成長に伴う矛盾の激化は、さまざまな社会問題や公害を引き起こし、それに反対する運動を勢いづかせた。それに伴い、社会主義の運動が勢力を増したが、政府は度々の弾圧で対抗し、遂に大逆事件（一九一〇年）において大規模なフレームアップで、社会主義者・無政府主義者を一網打尽とした。こうして不穏な「冬の時代」を迎えた。その一方では、『青鞜』（一九一一）の創刊など、大正につながる新鮮な活動が開始された。その矛盾の中に明治は終わり、大正を迎えることになる。そのような過程で、宗教はどのような役割を果たしたのであろうか。それが本巻の課題である。

まず、憲法そのものを見る必要がある。西洋諸国の憲法を研究した上で、それらに見劣りしない憲法が制定され、大日本帝国は形の上ではそれらの先進国に並ぶことになった。第一条から第一七条までが天皇条項であり、天皇を元首とする立憲君主国家であることが明示される。そのうち、第四条では「天皇ハ国ノ元首ニシテ統治権ヲ総攬シ此ノ憲法ノ条規ニ依リ之ヲ行フ」とあって、天皇の統治権の総攬は憲法に従うことが明記されている。この規定に従う範囲では、いわゆる天皇機関説が成り立つ。その限りでは、きわめて合理的な近代性を誇ることができる。

しかし、第一条は「大日本帝国ハ万世一系ノ天皇之ヲ統治ス」、第三条は「天皇ハ神聖ニシテ侵スヘカラス」と規定されており、天皇の権限の絶大さが示される。そうなると、はたして天皇機関説の枠に収まるものかどうか、微妙になってくる。とりわけ第一条では「万世一系」ということが、天皇の統治権の根拠とされている。ところが、「万世一系」ということは、憲法内では説明できない。

一見、第二条の「皇位ハ皇室典範ノ定ムル所ニ依リ皇男子孫之ヲ継承ス」が「万世一系」の根拠のようにも見えるが、この条は二つの意味で問題がある。第一に、皇室典範に根拠を求めていることである。皇室典範は憲法のもとで成立した法律ではなく、憲法と対等の位置に立つ超憲法的な規則である。既にここで憲法は自己充足的なものではなく、その外なる根拠が必要になっている。第二に、この皇位の家父長的継承の規則は皇室典範によってはじめて定められたものであり、過去の実情を反映したものではない。過去の皇位継承は天皇の一族の中で行われたとしても、その継承は権力関係に左右され、まったく規則がない。甚だしくは南北朝のように二人の天皇が対立した時期もある。この問題は、やがて南北朝正閏論として大きな問題となり、明治末にようやく南朝正統が定まった（一九一一年）。

それ故、第二条は「万世一系」を基礎づけるのに十分な根拠とならない。とすれば、その根拠はどこに求められるのか。公式の憲法注釈書とも言うべき『憲法義解』には、「瑞穂の国は、是れ吾が子孫の王たる可き地なり。宜しく爾皇孫《すめみま》、就《ゆ》きて治《しら》せ」という、いわゆる天壌無窮の神勅をあげて説明している。とすれば、「万世一系」は憲法自体に根拠を持たず、外なる神話に根拠を求めなければならなかったということである。

王権が超越的な神から授けられるという神授説が成り立たない日本においては、王権は神の血筋の継承というところに求められなければならなかった。もっとも実はこの根拠もかなり危ういものである。『新撰姓氏録』によれば、主要な氏族はみな神の子孫である。『愚管抄』では、天皇家と摂関家の関係は、両家の祖先神同士の契約によるとされる。そうであれば、神の子孫という点で、天皇家だけが優越するわけではなく、その優位はあくまでも相対的なものである。

それでは、天皇の絶対性が証明できない。そこで、アマテラスが天孫ニニギに対して皇孫の日本支配を保証したという天壌無窮の詔勅が注目されることになる。しかし、その明確な形は『日本書紀』の「一本」にしか見えないという、きわめて際どいアクロバティックな証拠でしかない。そこで、祭神論争を経てスサノオ＝オオクニヌシ系の神々を排除し、皇祖アマテラスの一元論に集約した新しい神話の創造が必要となる。それに伴って、神社の再編が進められる。このように、この憲法は最初から自己充足できず、「外部」に拠りどころを持たなければならなかった。

家父長制的国家体制

憲法の「外部」は、制定後すぐに別の形で要求されることになった。それが憲法制定の翌年発布された教育勅語である。地方長官会議が内閣に対して徳育原則の確立を求める建議を行ったことがその成立の契機とされたように、もともと憲法の法的な規定では収まりきらない倫理道徳の原則を国家として定め、初等教育から叩き込むことを目的としていた。逆に言えば、憲法だけでは国家の方針を完全に満たすことができず、それを補うものが必要とされたということである。

勅語は憲法の「外部」ではあるが、憲法の規定と抵触しないことに意が注がれた。よく知られているように、憲法第二八条は「日本臣民ハ安寧秩序ヲ妨ケス及臣民タルノ義務ニ背カサル限ニ於テ信教ノ自由ヲ有ス」と、条件付きではあったが、信教の自由を保証するものであった。教育勅語は、宗教色の強い中村正直の原案を破棄し、井上毅が中心となって、信教の自由に抵触しないことに細心の注意を払って起草した。また、法的制度に縛られることを避けるために、法的性格を持たない勅語として下賜する方式をとった。

勅語の道徳の特徴は、「父母ニ孝ニ、兄弟ニ友ニ、夫婦相和シ、朋友相信シ」という儒教的な家庭道徳を基礎として、その延長上に「一旦緩急アレハ義勇公ニ奉シ以テ天壌無窮ノ皇運ヲ扶翼スヘシ」と、公＝国家＝天皇への奉仕が位置づけられるところにある。それ故、そのもっとも本質的なところは、「我カ臣民克ク忠ニ克ク孝ニ」というところに集約され、それが「国体ノ精華」である。即ち、家族道徳としての「孝」が、国家道徳としての「忠」に結び付くことになる。天皇は大日本帝国という巨大な家の家父長であり、厳しくも優しく臣民を撫育する。臣民は天皇の力を恐れつつも慕う。こうして形成される道徳は、国民感情的なエートスとして、立憲国家、法治国家を超えて、その基礎を形作ることになる。

その際、注意されるのは、ここでの「孝」は、単に直接的に親に対して尽すことだけでないことである。親は永続するイエを体現するものであり、家父長的なイエの持続する体制を前提とする。国家はイエを押し広げたものとしてイメージされ、そこに「天壌無窮ノ皇運」が成り立つ。皇室は、憲法第二条に規定されるように、「皇男子孫」の継承が定められ、その具体的な規定は皇室典範に譲られる。天皇は男系の長男によって継承される家父長制の原則に従うが、民間のイエと異なるのは、廃嫡や勘当は認められず、養子による継承も認められない。それだけの厳格さが「万世一系」を支えることになる。

それに対して、臣民の側のイエの家父長体制を確立したのが民法であった。当初お雇い外国人のボアソナードを中心にフランス系の規定を採用して一八九〇年に制定されたが、それに反対する穂積八束が「民法出デテ忠孝亡ブ」と激しく攻撃するなど、反発も強く、民法典論争と言われる論争を経て、一八九六年に新しい民法が制定され、九八年に施行された。その民法によると、相続は単なる財産の相続ではなく、戸主としての家督を長男が相続することになり、家父長である戸主の権限が強大であった。

だが、家父長制的なイエ＝国家の確立にはまだ欠けたものがある。それは祖先祭祀の儀礼である。天皇家の「万世一系」の永続性は、単なる紙面の系図ではなく、祖先祭祀の儀礼を伴うことによってはじめて目に見える形で顕在化する。天皇家の祖先崇拝は、アマテラスを最高神とする神話の再編とともに、アマテラスを祀る伊勢を頂点とする神社の再編を必要とする。すでに、皇居内に宮中三殿を創建し、アマテラスを祀る賢所を中心に、歴代の天皇を祀る祖霊殿と諸神を祀る神殿の体系が一八七二（明治五）年には成立していた。その体系を神社の体系に及ぼすことで、天皇家の祖先祭祀は国家全体に及び、国家の家父長としての天皇の位置が明確化される。神社は、国家の家父長である天皇家の祖先祭祀に臣民も参加する場となり、国家＝天皇家の永続を臣民こぞって寿ぐことになる。それ故、神社崇拝は臣民個人の自由になる宗教ではなく、帝国の臣民が国家規模の祖先祭祀に参加することと解される。

こうして国家＝天皇家の祖先祭祀の形が定まる。それでは、臣民のそれぞれのイエはどうなるのか。そこにも天皇家をモデルとした祖先崇拝がなければならない。けれども、天皇家と同じ神社崇拝の形式を用いることはできない。当然、天皇家と区別されなければならない。神道で臣民の葬式儀礼を行なうことは許されない。そこで、出てくるのが仏教である。仏教は近世の寺檀制度において、住民統制の役割を果たしてきていた。そこには死者の管理も含まれる。生者を管理する宗門改めと宗門人別帳は廃止され、国家による戸籍制度に移行した。しかし、死者の管理はそのまま仏教寺院に依存することになった。

家父長制的なイエは、近世では公家や武士階級、及び上層の農民たちには存在した。しかし、一般庶民は姓もないので、両親や祖父母などの近い関係にあるものはともかく、それ以前の祖先崇拝や、イエの存続の意識は持ちようがなかった。明治になり、戸籍制度の確立とともに、庶民も姓を持つことになり、上層階級のイエの意識が次第に広がり、所謂「家墓」が普及するようになった。家父長制の確立は長子による家督の相続が原則であるが、家督を象徴するものが墓と位牌であり、それを仏教寺院が管理する体制は変わらなかった。こうして仏教は臣民の祖先崇拝を担当することで、近代家父長体制を補完する役割を果たすことになった。

神仏分離によって、神道と仏教は二つに分けられたが、今度は家父長的国家体制の中に組み込まれ、かつての神仏習合に代って、神仏が役割を分担する神仏補完体制を作ることになった（末木、二〇〇四、四一頁）。それに対して、キリスト教、並びに近世以後新しく生まれたいわゆる新宗教は、その体制の中に必ずしもうまく収まりきらないところがあり、それだけに弾圧を受けたり、厳しい批判に直面しなければならなかった。

主要な新宗教の教団は教派神道として公認されることになり、教義や組織の整備が行われたが、創唱時から大きな変更を余儀なくされる場合も少なくなかった。死者儀礼に関しては、神葬祭の方式をもとにして、独自の方式を工夫する場合が多かった。墓地は独自の墓地を持つ場合の他は、仏寺や公共墓地に依存する場合も少なくない。

キリスト教は、かつて近世初頭に新しい南蛮文化とともに渡来したが、明治期にも同様に最新の欧米文化とワンパックで受け止められた。そこから、儒教教育を受け、強い倫理観と新文化摂取に意欲的な武士出身の青年たちに受容された。しかし他方、家父長制的天皇一元論の立場からは危険視されることになった。内村鑑三の不敬事件（一八九一年）をきっかけに、井上哲次郎によって仕掛けられた「教育と宗教の衝突」論争はまさしくその点を突いたものであった。井上の挙げたキリスト教批判は四項目に纏められている。即ち、①国家を主とせず、②忠孝を重んぜず、③重きを出世間に置いて世間を軽んず、④其博愛は墨子の如く、無差別的の愛なり、の四項目である（井上哲次郎『教育ト宗教ノ衝突』、一八九三）。

このうち、特に問題になるのが①②であろう。それは、直接に家父長制的秩序に基盤を置く近代日本の社会構造に反することになる。もっともキリスト教側も、問題の発端となった内村をはじめ、決して国家体制に反することを意図したわけではない。それは妥協やごまかしではなく、内村の「二つのJ」（Jesusと Japan）に典型的に見られるように、両者は両立するはずのものであった。論争のためだけでなく、日本の近代社会が次第に欧米の模倣から、独自性を強める中で、キリスト教界もまた、新たに伝えられた自由主義神学の影響を受けながら、日本化が進められた（マリンズ、二〇〇五）。天皇制とともに、祖先崇拝との折り合いは次第にキリスト教の中に浸透していった。

キリスト教の日本化はさまざまな形態をとり、松村介石の「道会」になると、儒教や老荘思想をも取り込んで、普遍的な特性としての「道」を主張し、教育勅語の忠孝もその中に含まれるものと考えた。こうした動向は、キリスト教としては、ほとんど異端的とも言えるものではあったが、かえってコアなキリスト教の信仰に入り込めない周縁的な信者を取り込むことになった。

しかし、どのように妥協をしていっても、天皇という特殊原理と宗教の普遍原理との軋みは消えることがない。天皇崇拝を絶対化しようとすれば、必ず普遍的な原理に拠りどころを求める宗教と何らかの形で衝突せざるを得ない。そのことが後の上智大生による靖国神社参拝拒否事件（一九三二年）などに繫がっていく。仏教の場合、伝統的に権力との折り合いの中で発展してきたが、それでも突き詰めていけば宗教と国家の関係はただ妥協だけでは済まなくなる。清沢満之における宗教と道徳の相克のような形で、問題が顕在化して問われることになった。

二　世界へ羽ばたく宗教

オリエンタリズムと神智学

開国以後、ともあれ日本国家の目標は欧米の文明国に追いつくことが第一であり、そのために欧米文化の摂取にひたすら力が注がれた。それが鹿鳴館に象徴される欧化主義の時代を築くことになった。思想面では欧米の合理的な近代文化を摂取する啓蒙主義が人々を教化し、宗教面では欧米文化と一体となったキリスト教が新しい宗教として若い知識人たちを惹きつけた。

憲法の制定により、ひとまず日本は欧米の文明国と形の上では並ぶ近代国家の形態を整えた。続く日清・日露戦争によって、遅ればせの帝国主義の仲間入りをし、アジアの植民地分割競争に加わっていく。その過程で、従来の欧化主義・啓蒙主義に対して、日本の再認識を促す国粋主義の動向が伸張することになった。それとともに、従来の輸入一辺倒に対して、逆に日本文化を海外にアピールしていく方向が強まることになる。それはまた、欧米だけに向けられていた眼をアジアへと転ずるアジア主義の興起とも関係する。

欧米の側も大きな転換期を迎えていた。科学的合理主義の浸透は、従来のキリスト教信仰を大きく揺るがせた。キリストを人間イエスとして描き出したルナンの『イエス伝』（一八六三）は激しい毀誉褒貶に曝されながら、大きな影響を与えた。その中から、合理主義的な自由主義的神学が生まれるとともに、キリスト教を否定する唯物論の系譜も、ヘーゲル左派のフォイエルバッハからマルクスへと大きく発展する。

こうした状況下で、従来のキリスト教信仰には満足できないが、宗教的な拠りどころを求める人々の中で、超常的な心霊現象を科学と結びつけるオカルティズムの流行を招いた。もう一つ注目されるのは、アジアへの侵略の中で、逆にアジアからキリスト教とまったく異なるタイプの宗教が紹介され、異国趣味と相まって人々の関心を呼ぶことになった。この二つの方向は相反するものではなく、むしろ一体となって、アジアの神秘主義的な宗教や文化・芸術への嗜好が流行現象化することになった。いわゆる「オリエンタリズム」現象である。

この二つをもっとも巧みに融合したのが、神智学（Theosophy）であった。神智学と日本の関係に関しては、本巻のコラム（吉永進一）をご覧いただきたい。神智学の創唱者ヘレナ・P・ブラヴァツキーは、特異な霊能力に加えて、ヒンドゥー教、仏教、古代エジプトのイシス信仰などを合体させた神秘主義的な教義によって評判を得た。しかし、その事蹟には真偽定かでないところも多く、その心霊現象がトリックとして糾弾され、信用を失うことになった。

神智学のもう一人の指導者は、ヘンリー・スティール・オルコットである。オルコットはもともと厳格なプロテスタントの信者であったが、ブラヴァツキーとの出会いで精神世界に惹かれ、二人で神智学協会を立ち上げて（一八七五年）、初代会長となった。オルコットとブラヴァツキーは仏教徒と称していたが、一八八〇年にはセイロン（スリランカ）に赴いて受戒し、正式に仏教徒として活動することになった。そのオルコットの薫陶を受けたのが、アナガーリカ・ダルマパーラであり、スリランカ仏教の指導者として、大菩提会を創設して（一八九一年）仏教復興を目指していた。

このように、一九世紀後半には神智学を媒介としながら、西洋と東洋が結び合うような状況が生まれていた。よりアカデミックな場では、サンスクリット語学やインド宗教・哲学の研究が英・独・仏などの各国にまたがって全盛期を迎えていた。オックスフォード大学のマックス・ミュラーは『東方聖書』の刊行により、東洋の叡知を伝えたが、日本人留学僧南条文雄・笠原研寿を受け入れたことでも知られる。釈宗演・釈興然らがスリランカに渡り、また、小栗栖香頂らが中国に渡るなど、日本人もまたこうした東西の融合の中に飛び込んでいくことになった。

シカゴ万国宗教会議と日本

このような世界の宗教の融合の大きなエポックを作ったのが、一八九三年のシカゴ万国宗教会議であった。これは、同年のシカゴ万国博覧会に関連して開かれたものである。万国博覧会は、一八五一年のロンドン万博に始まり、欧米の主要都市で開かれ、新しい科学文明の宣伝普及の場として評判をとっていた。日本は、幕末の一八六七年のパリ万博以来正式参加し、その展覧はジャポニズムの流行を呼びおこすことになった。シカゴ万博の際は、宇治平等院を模した鳳凰殿と称する建築物を建て、その中に歴史上の各時代の様式による部屋を設けて、日本美術の粋を集めた展示を行った。その展覧には、岡倉天心の率いる東京美術学校が大きな役割を果たし、天心がその英文解説を執筆している（山田、二〇一〇）。天心はこの後、美術学校の内紛で辞職し、一九〇一年にはインドに渡って、インドの宗教家や独立運動家たちと交わることになる。

シカゴ万博の際には、それに併設して二〇の世界会議が開かれ、その一つが万国宗教会議であった（森、一九九〇）。万博が物質文明の進歩を示すのに対して、宗教会議は精神面で世界の叡知を集めようというのである。中心となったのは、シカゴのキリスト教各派とユダヤ教であり、ジョン・ヘンリー・バロウズが議長となった。それ故、キリスト教の優位は動かなかったものの、アジアの諸宗教も一堂に会したことは、欧米の東洋ブームを一層進めるものとなった。ダルマパーラらも参加したが、とりわけインドのヴィヴェーカーナンダの与えた影響は大きかった。ヴィヴェーカーナンダは、ヒンドゥー教の改革者ラーマクリシュナの弟子で、瞑想に基づく神秘主義の立場を取り、この後欧米に四年間滞在し、アメリカにヴェーダーンタ協会を設立して、大きな感化を与えた。

この会議に、日本からは以下の一〇名が参加した。

柴田礼一（実行教）、蘆津実全（天台宗）、釈宗演（臨済宗）、土宜法龍（真言宗）、八淵蟠龍（真宗本願寺派）、小崎弘道（同志社校長・プロテスタント）、平井金三（渡米中・英学者）、岸本能武太（留学中・プロテスタント）、野口善四郎（通訳）、野村洋三（通訳）

会議における日本側参加者については、その出発前からいろいろと議論があり、渡米中の活動に関してもさまざまなエピソードが語られる。近年は、条約改正やアメリカでの差別問題にも触れた平井金三に関する研究が進んでいる（高瀬、二〇二〇）。平井は、当時は仏教の居士という立場であったが、神智学協会にも接近して、オルコットの日本招聘（一八八九年）に努め、後にはユニテリアンや村松介石の道会にも加わるなど、独自の宗教活動を展開した。通訳の野口善四郎（復堂）は平井と親しく、オルコット招聘の際にはインドに渡って直接交渉を担当し、その話術で「教談家」として活躍した（佐藤、二〇〇八）。また、柴田礼一は富士講の流れを汲む不二道から独立した教派神道の実行教の管長であり、会議ではその神官の華麗な衣装が喝采を浴びたという。

このように、日本からの参加者も多様な人材が揃っていたが、メインとなる仏教の各宗の代表の演説は、必ずしも大きな反響を呼んだわけではないようである（この会議での日本の仏教者の活動に関しては、Snodgrass, 2003 / Harding, 2008 参照）。彼らは自宗を表に出さずに、仏教全体に関して、歴史や教理を説く方向を取った。これは、南伝のパーリ仏教の系統が欧米の仏教の中核をなす中で、日本の大乗仏教を宣伝しようという意図であったが、その意図は直ちに伝わったわけではなかった。日本の仏教が大きく注目を浴びるようになるのは、この会議の縁で、釈宗演の弟子鈴木大拙が渡米し、禅を広めるようになってからである。

ただ、日本の仏教者にとって、世界の諸宗教者に交じって欧米の聴衆に向かって論じたことは、大きな経験となった。ここでは、真言宗から参加した土宜法龍について触れておこう。法龍はこの後、翌年にかけて、アメリカからヨーロッパに渡り、インドを回って帰国するという世界一周の大旅行を行なった。この間、ロンドンで南方熊楠と知り合い、その後晩年に至るまで親交が続き、多数の往復書簡を交わしている。とりわけ法龍がパリに移ってからロンドンの熊楠との間で交わされた長文の往復書簡は内容豊富であり、熊楠が南方マンダラと呼ばれる独自の宗教思想を披露したのも、その中であった。法龍の側も、一〇歳以上年少の熊楠の学識を信頼し、欧米の仏教学の現状を問い、書籍の入手を依頼したり、また、チベット入国の希望を伝えたりしている。法龍は、パリではギメ博物館で御法楽の儀式を行ない、感銘を与えた。

法龍は帰国後、真言宗内で指導的な役割を果たして、ともすれば分裂に走りがちな宗門を統合するのに力を尽くした。晩年は高野派の管長ともなるが、その底には、真言宗内はもちろん、すべての仏教は統一されなければならないという理想を持っていた。シカゴ会議の講演で、「宗教と言へる宗教は皆一味」(「日本の仏教」『木母堂全集』二二頁)と説いた理念は、晩年まで維持された。それ故、三教会同(一九一二年)にも積極的に参加し、国家との連携強化にも意欲的であった。それは、神仏分離・廃仏毀釈によって壊れた仏教と国家の関係を新たに立て直すという意図によるものであった。しかし、そこから国家に対して無批判になるという問題が生ずることにもなった。

三　霊魂の行方

内面への回帰

激しく燃え上がった自由民権運動は、厳しい弾圧にあい、憲法が制定され、議会が開設されると一段落して、政治的な活動は下火に向かった。これまで政治に向かっていた知識人たちは、一転して内面の心や魂の問題に向かうようになった。それは、自己の外なる社会に向けられていた眼を自己の内側に向けることであり、形だけ整った近代国家を担う主体としての個人のあり方を問うものであった。その転換をもっともよく体現しているのが北村透谷である。透谷は当初親友の大矢正夫に誘われて自由民権運動に加わったが、大矢らが活動資金獲得のために強盗を計画するに至って、幻滅して離れた。長編詩「楚囚之詩」（一八八九）は、まさしく政治の挫折と内面への回帰を歌っている。

透谷における内面への回帰は、キリスト教に接する中で深められたが、それは、「各人心宮内の秘宮」を開くことにほかならず、必ずしも洗礼という外的な形式を要しない、個のあり方の問題である（「各人心宮内の秘宮」、一八九二）。こうした内面の追求は、「内部生命論」（一八九三）において、頂点に達する。人間は自己の内面に生命を宿している。その生命こそもっとも重要なものである。人間の自由は造化を超える。透谷は、キリスト教の優位を生命思想というところに見る。キリスト教対仏教でも、キリスト教対儒教でもなく、生命思想対非生命思想だという。このような形で伝統的な仏教や儒教を非生命思想として批判して、キリスト教の優位を認めるのである。後の大正生命主義を先取りするような内部生命論が展開されている。

透谷の内面主義は、恋愛至上主義や平和主義などの広がりを持つものであったが、時代に先駆け過ぎていたためか、精神的に追い詰められて一八九四年に自死した。内面の時代は、日清戦争を経て、一九〇〇年頃に本格化する。それとともに注目されるのは、憲法発布の少し前頃から、それまで優勢だった欧化主義に代わって、日本の美点を見なおす国粋主義、日本主義が盛んになることである。キリスト教の立場に立つ場合も、ただ与えられた教義を受け入れるだけでなく、それを内面的に捉え直すことが要請されるようになった。

透谷と逆の側から、日本主義から出発して、内面主義への大きな転換をしたのは、高山樗牛であった。樗牛は最初、国家主義、日本主義の論者として華々しく登場したが、一九〇〇年、ドイツ留学を前に結核の感染が分かって暗転する。その中で、従来の国家主義的な立場から、個人のあり方を問題とする「個人主義」へと転換する。ただし、ここで言う「個人主義」は、近代的な社会の主体としての個人の主張ではなく、ニーチェの超人主義の受容を通して、本能を満足させる「美的生活」のエゴイズムを主張するものであった（「美的生活を論ず」、一九〇一）。このように、日本の近代的個人は同時に近代を超えるニーチェの受容の上に成り立ち、近代と超近代が重層することになった。その本能主義は、次に来る自然主義文学に連なっていく性格を持っていた。

樗牛はさらにその「個人主義」にも満足せず、最後に田中智学の唱える日蓮主義に共鳴して、日蓮研究に取り組む。その中から、日本という国家を超えて、真理のためには国の滅亡を是認するところにまで至った（「日蓮と基督」、一九〇二）。このように、樗牛は短い生涯のうちに、病気に急かされるように、次々と思想を変化させたが、そのそれぞれの段階において、時代の先端を切り開くものであった。

内面主義的な動向を代表する思想家としては、樗牛の他に、浄土信仰をベースに精神主義を唱えて浩々洞を開き、雑誌『精神界』を発刊した清沢満之、キリスト教から出発して、「見神の実験」によって、神との合一体験に到った綱島梁川などが挙げられる。彼らはいずれも結核によって死に直面し、それを契機に内面を掘り下げる中で、常識的な宗教信仰に満足できず、独自の境地に至ったものである。彼らに対しては、当時からその社会性の欠如への批判がなされたが、彼らの内面主義自体が、一面では次第に厳しくなる国家の思想統制への抗議の意味を持つものと考えられる。

時代の内面主義を象徴するのが、第一高等学校生の藤村操の自死（一九〇三年）であった。藤村は、「万有の真相は唯だ一言にして悉す、曰く、不可解」という名文句で知られる「巌頭之感」を遺して、日光の華厳の滝に身を投げた。時代の行き詰まりの中でその厭世観は青年たちに衝撃を与え、後を追うものも少なくなかった。本巻第三章では、このような時代状況を背景とした仏教界の動向を検討している。

霊魂と来世の問題

ところで、こうした内面主義は、理論的には霊魂の問題と密接に関係する。近代の科学的合理主義は来世や他界の観念を否定し、現世主義的な傾向を強め、来世論や霊魂論を退けたかのように思われがちである。もちろん合理主義の立場からの唯物論的な主張は宗教界には大きな挑戦となった。来世論など無意味とする論者も多かったが、それによって来世論や霊魂論が消えたかというと、そのような見方は誤っている。そもそも西洋の近代文化とともに入ってきたキリスト教の教義の中では、霊魂の不滅と来世の問題は重要な位置を占めていた。そうした説を受けながら、仏教の側では、従来素朴に信じられてきた輪廻説などが問い直されることになった。来世や霊魂をめぐる議論は、実は近代の中で大きなテーマであり、とりわけ内面主義の展開する一八九〇年代から議論が活発化している。

キリスト教側では、霊魂の不滅と死後の裁判は、その教義の中核をなすものであるが、それは必ずしも近代的な合理主義と合致するものではない。そこで、それをどう説明するかが問われることになる。はっきり霊魂不滅を表題に出したものとしては、田村直臣『霊魂の不滅を信ずる理由』（一八九〇）が早いもので、道徳的な善悪の成り立つ根拠として霊魂の不滅を論じている。やや遅れるが、キリスト教界の指導者のひとり柏木義円の『霊魂不滅論』（一九〇八）は、注目すべき独自の議論を含んでいる。そこでは、科学的な進化論を受け入れながらも唯物論を批判し、心霊の進化こそ重要として、死後さらに心霊が発展していくという観点から、霊魂の不滅が論じられている。

他方、唯物論の側からの霊魂否定説としては、中江兆民の『続一年有半』（一九〇一）がよく知られている。その中で、「余は断じて無仏、無神、無精魂、即ち単純なる物質的学説を主張するのである」と、無神論・無霊魂論を主張している。兆民以上に宗教界に大きな衝撃を与えたのは、加藤弘之の挑発である。加藤は明六社の一員の啓蒙思想家として出発する。もともと天賦人権論の立場に立っていたが、社会進化論を採用して、強権的な国家主義に転じたと言われる。東京大学総理・帝国大学総長として、大学行政にも腕を振るい、貴族院議員・帝国学士院長にも就任した。

このように、体制側の重鎮である加藤は、仏教に対しても、キリスト教に対しても批判を展開した。仏教に対しては、「仏教ニ所謂善悪ノ因果応報ハ真理ニアラズ」（『哲学雑誌』一〇〇、一八九五）で、因果応報論を批判し、キリスト教に対しては、『吾国体と基督教』（一九〇七）において、井上哲次郎の議論を受け継いで、キリスト教が国体に合わない点を批判した。加藤によれば、仏教も世界宗教であるから、やはり仏教の真理を天皇より上に置くので、国体に合致しないが、長い伝統の中で国体に順化しているから、許容されるというのである。ここでは、必ずしも霊魂や輪廻のことは中心的な問題になっていない。

霊魂に関する問題提起が大きな反響を呼んだのは、『哲学雑誌』の論説である。そこでは、善因善果悪因悪果という仏教の原理を真理でないと批判している。その理由は、自然の因果と道徳上の善悪は次元が異なるのに、道徳上の善悪に自然の因果の法則を適用する点で両者を混同しているからだとする。これに対して、仏教者側からさまざまな形で反論がなされ、それをまた加藤が論駁するという大論争になった。『哲学雑誌』

では、清沢（徳永）満之との間で相互批判が交わされている。その過程で、三世の因果を認めるか否かが大きな問題となってくる。

清沢満之は、これ以前に『宗教哲学骸骨』（一八九二）を出版しているが、その中心的問題は霊魂論であった。同書の第三章は文字通り「霊魂論」と題され、霊魂に関する諸説を検討して、霊魂とは自覚のことだと結論する。霊魂は開発転化されていくが、それには一貫したものがなければならず、有限なる霊魂が無限なるものへと到達することが目指される、というのである。

この頃、清沢以外にも、仏教側でも盛んに霊魂論、霊魂不滅論が論じられた。有名なものに、井上円了の『霊魂不滅論』（一八九九）があり、天地の根底に通ずる「我」を霊魂としている。しかし、もともと仏教では無我説に立って、永続する霊魂の実在を認めないので、霊魂論という議論は成り立たないはずである。まして霊魂不滅という主張は、仏教が批判するアートマン説になってしまうであろう。もっとも仏教では、永続する霊魂は認めないが、輪廻転生を認めるので、説明が複雑になる。浄土真宗の妻木直良の『霊魂論』（一九〇六）は、当時としてはもっとも学術的な力作で、小乗の業論に対して大乗の立場を真如論として論じているが、それでも分かりやすいとは言えない。

このように、この時代に仏教側でも霊魂不滅説が大きな問題になったのは、一方で科学的合理主義の側からの唯物論的な主張に対抗し、他方ではっきりした霊魂論を持つキリスト教に対抗する必要があったからと思われる。また、時代の内面化の中で、霊魂や来世の問題について関心が高まり、仏教の立場を明確化する必要もあったであろう。

こうして議論が沸騰する中で、新仏教徒同志会では、宗教界・学術界などの著名人に来世の有無に関するアンケートを試み、百通以上の返事を得て、『来世之有無』（一九〇五）として出版した。巻頭で、加藤弘之は「僕は、どう考へても、来世があらうとは思はれぬ」と、明快に否定している。論者たちは、肯定説、否定説、中間説、無回答などに分かれるが、忽滑谷快天、平井金三など、論文とも言えるほどの長文の返答を寄せている。平井は否定的、忽滑谷は子孫が続いていくことが来世への再生だとしている。このように、仏教者でも来世に否定的な論者も多く、『新仏教』の中心となる一人、境野黄洋も、「来世はないものだ」と断定している。議論が錯綜していた状況が如実に反映されている。

四　大逆と宗教

時代の閉塞と出発

明治の終わり（一九一二年）は、天皇の死と乃木希典の殉死によって画された。それが国民全体に大きな慟哭の渦を招いたことは、第八章に詳しい。明治の終わりは知識人たちにも大きな時代の転換を思い知らせた。夏目漱石は『こころ』で、「明治の精神に殉死」するとして「先生」を自殺させた。他方、森鴎外は、『興津弥五右衛門の遺書』や『阿部一族』で歴史小説に転じて、殉死を批判した。

その少し前、一九一〇（明治四三）年に大逆事件が世を騒がせた。人々は天皇暗殺計画という、想像を絶した畏れ多い凶悪な犯罪に慄然とした。大逆罪は、一九〇七（明治四〇）年改正の刑法で第七三条に規定されたもので、「天皇、太皇太后、皇太后、皇后、皇太子又ハ皇太孫ニ対シ危害ヲ加ヘ又ハ加ヘントシタル者ハ死刑ニ処ス」とされている。実際に危害を加えなくても、「加ヘントシタ」だけでも該当し、すべて死刑に処せられる。審議は大審院だけの一審制で、上告の可能性はない。翌一九一一年一月には、二四名が大審院で死刑判決を受けて、ただちに翌週には一二名が処刑された。残る一二名は天皇による恩赦で無期懲役に減刑されて、慈悲深い思し召しを人々に示した。この事件によって、それまで盛り上がっていた社会主義、無政府主義の運動は一気に壊滅状態に押しやられることになった。

それは、思想や言論に携わる人たちにとって、まさしく「冬の時代」への突入と受け止められた。石川啄木は「時代閉塞の現状」（一九一〇）で、「我々日本の青年はいまだかつてかの強権に対して何らの確執をも醸したことがない」として、「国家が我々にとって怨敵となるべき機会もいまだかつてなかった」日本の青年たちの状況を、「かの強権を敵としうる境遇の不幸よりもさらにいっそう不幸なもの」と断定している。その同年に韓国が併合され、大日本帝国はますます発展へ向けて、歩を進めつつあった。

しかしまた、明治の終わりは暗いばかりではなかった。同じ一九一〇年に『白樺』が創刊された。学習院出身の華族の子弟たちの集まりであったが、イエの権威への盲従を否定し、学習院長として君臨した乃木の禁欲的な軍人精神に反発して、自由な個性の発揮を目指して、後に続く大正文化の方向を示した。翌一九一一年には、『青鞜』が刊行された。平塚らいてうの「元始、女性は実に太陽であった」という宣言に加え、与謝野晶子の「山の動く日来《きた》る」という高揚感は、女性が自分たちだけではじめて自己主張をするという大きな画期を作ることになった。同じ一九一一年には、西田幾多郎の『善の研究』も出版されている。純粋経験にもとづく新しい自己の捉え方も、この後の大正人格主義などに繋がっていく。

このように、明治の終わりは、一方で「時代閉塞」の「冬の時代」の到来であると同時に、他方で大正につながる新しい文化活動の出発の時期でもあった。この時代の詳細は第七、八章に任せることにして、ここではもっとも時代を震撼させた大逆事件と宗教の関係に関して、いささか補足的にポイントを絞って考えてみたい。

まず注目したいのは、事件に連座して刑死した大石誠之助を中心とする和歌山県新宮のグループのネットワークである（以下、森長、一九七七によるところが多い）。大石も一八歳のときに洗礼を受けた。アメリカに留学して医学を学び、新宮で開業した。自らは熱心なキリスト教徒ではなかったが、大石の兄余平は熱心なキリスト教徒であり、周囲はキリスト教的な雰囲気が強かった。新宮教会の牧師沖野岩三郎は大石と親しく、社会主義に共鳴していた。大逆事件での連座を免れ、大石らの処刑後、『宿命』その他の小説で事件を描き、事件の語り部となった。大石は獄中から岩野に数通の書簡を寄せ、キリスト教への関心を記している。

他方、大石は仏教者とも関係が深かった。事件で逮捕された中には、高木顕明（真宗大谷派）と峯尾節堂（臨済宗）という二人の僧侶がいた。二人は恩赦により死刑を無期懲役に減刑されたが、獄中で高木は自死し、峯尾は病死した。高木は浄泉寺の住職であったが、檀家に被差別部落の多いことから、社会の矛盾に目覚め、日露戦争への非戦論、公娼制度反対などを通して、社会主義に接近した。その社会主義は「余が社会主義」という短い文章に端的に述べられているが、マルクスなどの輸入思想によるものでもなく、幸徳秋水らのような科学的な解釈によって天下に鼓吹するものでもない、あくまでも自らの信仰にもとづく実践としての社会主義を主張した。知識人の外来思想をもとに構築された社会主義ではなく、現場の問題から出発する宗教的社会主義の可能性を示した点で注目される。

もう一人重要な新宮出身の仏教者が毛利柴庵である。毛利は高野山に学んだが、新仏教徒同志会に加わり、田辺で新聞『牟婁新報』を発刊した。荒畑寒村・菅野すがなどを記者として雇い、大石も度々寄稿している。南方熊楠の神社合祀反対運動にも紙面を提供し、自然保護の運動を推進させた。巧みに逮捕や発禁を免れ、後には県会議員にもなっている。大石の幅広い人脈によって、新宮へは幸徳らの社会主義者ばかりでなく、新仏教の関係者や与謝野鉄幹らの文人も訪れ、新宮は地域の先進的な文化の中心地となっていく。

そこには大石の包容的な性格もあったが、それとともに、次第に文化が帝都東京に集中していく中で、それだけでは捉えきれない地方の文化の可能性を示している点も注目される。そして、そこにはキリスト教、仏教という枠を超えた宗教者の協力が見られることも無視できない。従来の思想史研究では、ともすれば社会主義を、マルクス主義につながる無神論的・唯物論的な流れを主流と見て、宗教と関係する動向を副次的で不徹底なものとする傾向が強かった。しかし、当時のこうした動向を見ると、宗教者の社会意識が先導する面が大きく、それを単に不徹底として否定的に見るのは適当でない。足尾鉱毒事件でも、最後まで足尾という土地を拠点として「足尾学」へと発展させた田中正造の活動は、宗教的な深まりと密接に関係することが指摘されている（小松、二〇一三）。

『基督抹殺論』の真意

最後に、大逆事件に関わる中心的な思想家である幸徳秋水の宗教観を、遺著『基督抹殺論』から見ておきたい。同書の内容については、第七章に詳しく紹介されているのでそちらに譲るが、キリストの実在を否定して、キリスト教の特徴とされる諸要素はすべて他の古代宗教に見られることを一々指摘し、キリストの人物像やキリスト教の基本教義は、それら古代宗教の残骸の寄せ集めに過ぎないと結論付けている。

本書は論証も十分と言えず、『大英百科事典』のような事典を典拠に使うなど、いささか安易である。それにしては、書名に「抹殺」というきわめてセンセーショナルで強烈な文句を使っている。内容を見ると、確かにキリストとキリスト教は徹底的に否定しているが、そのもととなる古代神話や古代宗教に関しては寛大であり、むしろ肯定的に書かれている。もし無神論・唯物論を徹底するのであれば、キリスト教だけでなく、古代宗教をも否定しなければならないであろう。こう見るならば、本書をキリスト教批判という観点からだけ見ると、不徹底で、なぜ最後の獄中に原稿を持ち込んで完成させ、その出版の手配までしなければならなかったのか、不可解になる。

多くの研究者によって指摘されているように、この厳しいキリスト教批判には、おそらくは単にキリスト教批判に留まらないそれ以上の意図があったと考えられる。それは正面からの天皇制批判が許されない状況の中で、キリスト教を隠喩として、実際は天皇制がその批判の真のターゲットであったということである。「吾人は基督及び基督教が古代の神話としての価値に対して相当の尊敬を払ふべきも、其現代宗教としての生命に至つては、業に既に喪失せる者なるを知らざる可らず」(結論)と述べられているが、その「基督及び基督教」を「天皇及び天皇制」と読み換えてみれば、本書の意図するところがたちどころに理解できるであろう。天皇制は古代神話の寄せ集めによって成り立っているものであり、古代神話としては意味のあることではあるが、所詮はフィクションであって、現代に意味を持つものではない、というのである。

そう考えるならば、論証も甘くて無理があるのに強引に押し通し、「抹殺」という強烈なタイトルを付さなければならなかった理由も明白である。「基督抹殺論」は実は「天皇(制)抹殺論」なのである。そうであるからこそ、最後に、「之を世界歴史の上より抹殺し去ることを宣言す」という大袈裟な「宣言」で締めくくらなければならなかった必然性も理解できる。キリスト教だけの問題であれば、何も宣言するまでもない。真の問題はそこではない。現実にはまもなく天皇の名のもとに絞首台に立たなければならない。しかし、獄中で最後に彼は、武器によってではなく、筆によって天皇を抹殺したのである。だからこそ、「宣言」が必要であった。それこそが、ともに死にゆく同志たちへのはなむけでもあった。その禁断の書が没後、発禁も被らず、伏字もなく出版されたのは、まさしく彼の勝利であっただろう。

『基督抹殺論』に関しても、もう一つ指摘すべきことがある。それは、本書が多くアニー・ベサント（秋水はアンニー・ベサントと記している）に依拠していることである。このことは小森健太郎によって指摘されているが（小森、二〇一五）、その指摘の重大性は必ずしも研究者によって共有されていないようである。秋水はベサントの書名を明記していないが、小森が指摘するように、これは、『キリスト教――その証拠、起源、道徳、歴史』（*Christianity: its evidences, its origin, its morality, its history*, 1876）である。秋水によるベサントの引用は五箇所に及び、その箇所は小森によって同定されている。

しかし、ベサントに依拠しているのは、引用が明記されている箇所だけではない。例えば、キリスト教の由来を古代の太陽崇拝と生殖器崇拝に求めるが、これもベサントに拠っている。また、第八、九章でキリスト教の諸要素を挙げて、それらが古代の宗教に由来することを論じている箇所も、ほとんどベサントが種本となっている。詳細な検討は別の機会に譲るとして、大雑把に言えば本書のかなりの部分はベサントの本の焼き直しと言っても過言でない。

ベサントは、ブラヴァツキーに傾倒して神智学協会の二代目会長となり、協会を大きく発展させたことで知られている。思わぬところで、秋水と神智学が結びつくことになるが、そう単純に結論付けることもできない。ベサントは神智学に入る前にさまざまな思想遍歴をしていて、社会主義にも深入りしている（Annie Besant, *An Autobiography*, 1893）。『キリスト教』を書いた頃は、英国世俗協会（National Secular Society）の会長チャールズ・ブラッドローの同調者として反キリスト教の無神論を信奉していた。本書も、ブラッドローが第一部を書いた『自由思想家の教科書』の第二部として出版されたものである。ベサントが神智学に接近するのは一八八九年であるから、それ以前の著作である。それ故、本書は古今東西の宗教にわたる博学ぶりを発揮するものの、神智学的な要素はない。そうであるから、本書を用いたことをもって、直ちに秋水が神智学に共感を持っていたということにはならない。

ただ、当時の新仏教徒同志会のメンバーは神智学に関心を寄せていた。秋水は同志会メンバーとは親しく交際していて、『基督抹殺論』もまた、同志会の高島米峰の丙午出版から出版された。そうとすれば、秋水が同志会経由でベサントの本を知ったということはあり得るであろう。推測をたくましくすれば、この本に触れたことで、秋水はキリスト（教）を隠喩として、天皇（制）を抹殺することを思い立ったのではないだろうか。

いずれにしても、『基督抹殺論』はキリスト教を厳しく批判するが、古代の神話や宗教には寛容なようである。社会主義や無政府主義が何でも単純な唯物論に行き着くと見るのは間違っている。むしろ宗教と結びつくことで、社会主義の本領が発揮されるということがあるのではないか。さらなる検討を要する問題である。

五　本巻の概要

以上、本章では明治後期の宗教の全体的な状況を概観し、また、以下の各章の枠を超える問題をいささか考えてみた。ここで、各章の概要を記しておきたい。

第二章「国粋主義・実験・煩悶」（岩田文昭）は、欧化主義が行き詰り、国粋主義に転じ、やがて内面主義的動向が主流になっていく明治後期の思想動向を扱う。とりわけ、当時流行した「実験」という言葉が、自然科学的な実験であると同時に、宗教的な体験をも意味する重層性に着目して、当時の精神的状況を解明している。

第三章「近代と格闘する仏教」（福島栄寿）は、近代という困難な時代の中で、仏教がどのように対応したかを、『精神界』と『新仏教』という二つの雑誌の対比から検討する。概して前者は内省的で信仰重視、後者は社会問題の解決に積極的であったと考えられるが、そのような単純な二項対立では捉えきれない多様性に目を向ける必要を説く。

第四章「キリスト教会の外へ」（赤江達也）は、内村鑑三の不敬事件を出発点として、その後のキリスト教界の動向を扱う。内村は新たに無教会主義を標榜し、そこから教会・教団の外へと広がる無教会運動へと展開してゆく。それはキリスト教界に留まらず、「求道」を柱に仏教界とも関わることになる。戦後にまで及ぶ協会の外なるキリスト教を追う。

第五章「国家神道と教派神道」（齋藤公太）は、神道界の動向を論ずる。そもそも従来の国家神道対教派神道という図式をそのまま用いてよいのかという問題提起をした上で、金光教と天理教という二つの教団を例として、独立した教団となる過程での変容を検討し、三教会同に説き及ぶ。近代の神道概念の再考を迫っている。

第六章「アカデミズムの中の宗教」(林淳)は、近代の大学教育の中で宗教学がどのような位置づけを持ったかという問題を、帝国大学の場合、特定の宗派に偏らない哲学館(東洋大学)の場合、私立大学の中でも特に仏教系大学の場合を取り上げて論じている。アカデミズムの形成は、同時に新しい教学の形成や論争を引き起こすことになる。

第七章「戦争と社会問題」(小川原正道)は、明治後期になって起った日清・日露戦争、その頃顕在化した社会問題(足尾鉱毒事件・廃娼運動など)への宗教界の対応を検討する。そうした中から宗教社会主義が生まれることになる。最後に、幸徳秋水の『基督抹殺論』を取り上げ、彼の宗教批判の意味を考える。

第八章「明治の終わりと宗教」(平山昇)は、「「皇室+神社」が当たり前になるまで」と副題にあるように、本来、天皇の尊崇という点からだけであれば、神社と結びつく必然性がないのに、なぜ結びつくことになったかという問題を、大逆事件以後の状況と明治天皇の死と乃木希典の殉死から、「国民の感情」の持続の問題として論じる。

これらの各章に六本のコラムを加えることで、明治後期の宗教の全貌がうかがえるのではないかと考える。明治後期は、いわば日本の近代体制の確立期ということができる。今日、近代のあり方が改めて問い直されている中で、その議論を進めるためにも、本巻の各章をそのベースとしてしっかりと踏まえることが不可欠である。

参考文献

赤江達也（二〇一三）『「紙上の教会」と日本近代——無教会キリスト教の歴史社会学』岩波書店
岩田文昭（二〇一四）『近代仏教と青年——近角常観とその時代』岩波書店
小川原正道（二〇一〇）『近代日本の戦争と宗教』講談社選書メチエ
——（二〇一四）『日本の戦争と宗教 1899-1945』講談社選書メチエ
ケテラー、ジェームス（二〇〇六）『邪教／殉教の明治——廃仏毀釈と近代仏教』岡田正彦訳、ぺりかん社
小松裕（二〇一三）『田中正造——未来を紡ぐ思想人』岩波現代文庫
小森健太郎（二〇一五）「幸徳秋水『基督抹殺論』とアニー・ベサントの〈世界教師〉論」『文学・芸術・文化：近畿大学文芸学部論集』二七—一
佐藤哲郎（二〇〇八）『大アジア思想活劇』サンガ
末木文美士（二〇〇四）『明治思想家論』トランスビュー
末木文美士・林淳・吉永進一・大谷栄一編（二〇一四）『ブッダの変貌』法藏館
鈴木範久（一九七九）『明治宗教思潮の研究——宗教学事始』東京大学出版会
高瀬航平（二〇二〇）「条約改正と宗教——一八九三年シカゴ万国宗教会議における平井金三の演説」『東京大学宗教学年報』三七
マリンズ、マーク（二〇〇五）『メイド・イン・ジャパンのキリスト教』高崎恵訳、トランスビュー
森孝一（一九九〇）「シカゴ万国宗教会議：一八九三年」『同志社アメリカ研究』二六
森長英三郎（一九七七）『禄亭大石誠之助』岩波書店
山田久美子（二〇一〇）「シカゴ万博と鳳凰殿」『ことば・文化・コミュニケーション』二
Harding, John S. (2008) *Mahayana Phoenix*, Peter Lang Publishing.
Snodgrass, Judith (2003) *Presenting Japanese Buddhism to the West*, University of North Carolina Press.

第二章　国粋主義・実験・煩悶

岩田文昭

一　はじめに

明治期は、「富国強兵」を旗頭として、日本全体が近代国家の実現へと邁進した時代であった。しかし、明治も後半にはいってくると「国粋主義」「実験」「煩悶」といった言葉で示される精神的活動が目につくようになってくる。そのような精神的活動が生まれてきた背景を概略し、あわせて本章が論じることを示すことにしよう。

一八五三年にアメリカ合衆国のペリーが来航し、日本に開国と通商関係を結ぶことを要求して以来、幕末の動乱期がはじまった。江戸幕府が欧米の列強と結んだ条約は、関税自主権の放棄や治外法権を容認するなど、日本に不利な不平等条約であり、それを改正することは明治政府の大きな課題であった。とはいえ、欧米諸国と日本のあいだには、大きな国力の差があった。そこで、国際的地位の向上をめざし、富国強兵が国民の共通の目標となり、欧米の進んだ文物を積極的に取り入れた。そのなかで鹿鳴館に象徴される、行き過ぎた欧化政策も実行された。だが、欧米に媚びるその在り方は次第に反発を招くようになってくる。その結果、欧米に追従する態度を批判する、「国粋主義」や「国民主義」という日本を尊重しようとする思想運動も力を得てきた。

明治前半の時期には、自らの才覚と努力で個人が立身出世を目指すことが、日本の国力の増強と重なっていた。そして、日本は国際的地位を次第に向上させていった。日清戦争に勝利した日本は、列強との間で結ばれた治外法権を撤廃することにも成功した。ところが、明治も半ばの二〇年代にはいると国家の目標と個人の行動目標の間の齟齬が目立つようになってきた。その中で、過度に強調される国家至上主義などに反発し抵抗する、「個人」の側からも思想潮流も生じてきた。西洋文明の導入と「個人」側からの応答は、宗教においては「実験」という言葉において象徴的に現れた。「実験」は西洋の実証的学問を背景にもちながら、個人の体験を意味する言葉だったからである。そのため、宗教の伝統や教養よりむしろ、自らの体験である「実験」を強調する宗教家が何人も登場してきた。

さらに公的な国家社会の領域から切り離された私的な領域への沈潜は、既成の宗教や学問への懐疑を呼び起こし、精神的な苦悩に陥る青年も少なくなかった。一九〇三（明治三六）年五月の藤村操の華厳の滝投身自殺は、明治三〇年代の「懐疑と煩悶」とを象徴する出来事であった。第一高等学校生徒であった藤村は、人生は「不可解」であるという遺言を残した。この自殺の反響は大きなものがあり、青年知識人のなかに、「人生如何に生くべきか」を問うて「煩悶」することが義務であるかのような風潮が広まった。そして、人生の問題に「煩悶」する人はしばしば「実験」を説く宗教家のところに行った。明治後半に生じたこのような風潮が大正期の教養主義へと展開していくのである。

以上のように、明治の後半期には西洋文明を受動的に取り入れるだけでなく、日本の伝統をそこで捉え返そうという運動がおこり、そこからさらに自身の問題を捉えなおそうとした思想潮流が生じてきた。それらの運動や思想潮流を宗教との関係を中心に本章では考察するのである。

二　国粋主義の発生

民友社と政教社

明治の思想動向を大きく眺めたとき、明治二〇年前後に一つの大きな変化が認められる。その変化を代表する思想動向として、通常、二つのグループの名があげられる。それは、徳富蘇峰《とくとみそほう》（一八六三～一九五七）を中心とする「民友社」と、三宅雪嶺《みやけせつれい》（一八六〇～一九四五）、陸羯南《くがかつなん》（一八五七～一九〇七）、辰巳小次郎《たつみこじろう》（一八五九～一九二九）らに代表される「政教社」である。前者の民友社の徳富蘇峰は、雑誌『国民之友』を創刊し「平民主義」を唱えた。一八八七（明治二〇）年二月のことである。後者の三宅雪嶺らは雑誌『日本人』を一八八八年四月に創刊して「国粋保存主義」を主張し、陸羯南は新聞『日本』を一八八九年に創刊して「国民主義」を称えた。民友社と政教社は外見上、まったく反対の方向に向いている。民友社は西洋化を徹底することを主張し、政教社は日本の存在意義を強調するからである。しかし、両者には共通する時代性があった。

松本三之介が指摘しているように（松本、一九九六、一四〇頁）、明治時代は、政治的価値が他の価値に比べて特別に重要視される風潮を生んだ。それ以前の日本では、武家中心の政治がながらく続き、政治に直接に関与できない多数の人々は、政治以外の価値を尊重して生きてきた。しかし、欧米諸国に国を開き文明開化を推進した時代、とりわけ明治前半期おいては、新たな政治体制を整えることが必要であり、政治的価値が重要視された。一八八四年に内閣制度ができ、一八八九年に大日本帝国憲法が発布され、翌年には議会が開設された。この前後の時代が鹿鳴館時代といわれる欧化主義の時代である。一八八三年に完成した鹿鳴館では、毎晩のように西洋風の夜会が催された。とくに有名なのは、一八八七年四月におこなわれた仮装大舞踏会である。明治政府は西洋文明を取り入れることに熱心で、そのため鹿鳴館に象徴される欧米に追従する外交もなされたのである。この時代精神への反発が平民主義や国粋主義に共通するものであった。

徳富蘇峰の平民主義に関していえば、たしかにその主張は西洋化の流れに棹さすものであったが、従来の主張に比して、新たな特徴があった。その特徴の一つは、従来の西洋化の表面的・物質的な性格に対して、精神的・道徳的な次元を重視した点である。もう一つは、一部の上流社会や特権的官僚の世界のみを潤す貴族的な性格を批判し、平民社会の生活の必要を論じ、下からの西洋化を主張した点である。これに対して、政教社に属する人たちは、西洋の近代化を猿まねするのではなく、日本には日本独自の風土や歴史や文化をとおして長年の間に形づくられてきた「ナショナリティ」を考慮して日本の進歩と改良があると主張した。かれらのいう「国粋」とはこの「ナショナリティ」の訳語である。国粋という言葉は、昭和期に盛んになった「国粋主義」を連想させる。しかし、政教社らの「国粋」は昭和のそれとは異なり、ナショナリズムの主張をするものの、独善的なものではない点に差異が認められる。国家と世界、民族と人類の有機的な共存と調和が大きな目標であり、そのためには守旧的・退嬰的態度をとるのではなく、進歩・改良・開化を推進したのである。二つのグループの内、宗教と関わりの深かった政教社に的をしぼって論じていこう。

国粋主義と仏教

政教社の国粋主義が後年の国粋主義と異なっている点について、松本三之介は以下の三つを指摘している（松本、一九九三、一二五頁以下）。第一に、国民としての自覚や民族の独自性を強調したにしても、決して独善的・非合理的な民族主義に陥ることがなかった点。かれらは国学者たちの神国思想は、非合理的であると明確に拒む態度を示した。第二に、欧化そのものを否定したり排斥したりするものではなかった点。かれらによる国粋主義の唱道は民族の独自性の発揚を強調したものの、決して偏狭な排外主義を伴うものではなく、つねに世界に向って開かれた国際的視野を見失うことがなかった。かれらが批判したのは当時の日本の開化のあり方であり、欧米文化に対する没批判的な心酔や自主性を欠いた摂取を問題にしたのである。第三に、この国粋主義の根底に現実を直視し、正しい現実認識にもとづいて政府のあり方を考えるという着実な視点が用意されていた点。日本の近代化を国民の実態に対応するように改め、国民の歴史と文化と生活の実状に即した開化へと転換しようとしたのである。

政教社によった人たちは、人脈や政治的活動でのつながりは密であっても、特定の思想原理を中心にしたまとまりをもってはいなかった。そのためナショナリティの訳語である「国粋」の意味内容も厳密な形で規定されたわけではない。政教社の同人たちがこの概念を統一的見解として明示することもなかった。おおよそ国家に内在する歴史的な固有の価値を総称して「国粋」と言い表したのである。とはいえ、政教社のナショナリズムと宗教、とくに仏教とは一定の関係があった。政教社に関わる人と仏教運動との間には接点があり、アジア認識形成に仏教が役割を果したのである。その関係を中川未来の指摘にもとづき列挙しておこう（中川、二〇一六、一八八頁以下）。

政教社の中心的人物である三宅雪嶺は幅広い学識を有していた。幼いときより儒学を学び、早くから英語を本格的に学習し、東京大学文学部でフェノロサの哲学史講義を受けるなど西洋哲学についても研鑽をつんだ。ここで注目したいのは、仏教書にも親しんでいた三宅が、文学部卒業の年に発表した「寄高僧諸師書」（『東洋學藝雜誌』二二六、一八八三年掲載）に、仏教の根幹にある「仏法」に西欧の学知を取り入れ、哲学やキリスト教を包括すべく鍛えることで、その本来の根本を強化することを求めたことである。三宅は、大学卒業後、東京大学の編輯方に就職し日本仏教史の編纂に従事した。仏教史編纂の仕事は、職場から期待された日本思想史研究のなかから三宅自身が選んだ課題である。この著作は、一八八六年にその第一冊を刊行したものの、その第二冊以降は未刊行に終わった。刊行された第一冊に関していえば、仏教史という名前であっても、仏教到来以前の日本の宗教について論じたものであった。三宅の関心は、仏教そのものの意義を研究することではなく、仏教の由来原因や他の宗教との関係をその「変化」のうちで考察することにあり、宗教が日本においていかに進化を遂げたかを解明しようとしたのである。

その後、かなり時期がたって一九一三年に刊行された『明治思想小史』第一七章「仏教」を見ると、三宅が神道や儒教に比して、仏教を評価していた観点を伺い知ることができる。三宅はまず仏教と神道と儒教を学問の観点から対比させる。神道はそもそも学問とは密接な関係がない。儒教は江戸時代とは違い、明治以降は、漢文学という一分野に学問として残り、かつての儒者のように時代をリードできる人はきわめてまれである。それに対して、仏教は廃仏毀釈を被っても、七万の寺院と一〇万の僧侶を維持し江戸時代と変化がない。キリスト教が仏教の代わりとならないのはキリスト教に比し、仏教が学問において進んでいるからである。そして、西洋の哲学に匹敵するものが仏教にあり、実際に明治の青年仏教者たちは哲学的知見を取り入れることで、仏教教義の理解をより進展させることができた。もっとも、仏教が進んでいるといっても、キリスト教や哲学などに比してであり、近代の科学の進歩に匹敵するようなレベルではない。そもそも、キリスト教や哲学が進歩に取り残されるため、仏教を進展させるような哲学の刺激も十分ではない。そのため、仏教の発展の希望は少ないと三宅は述べている。三宅は、仏教を評価してはいても、それ自体を絶対的なものとみなすのではなく、思想の進化や変化という観点において関心を示したのである。

三宅以外にも、政教社の同人で仏教と親和的であった人物は多かった。そもそも、明治前半期に大いに活躍した、浄土真宗本願寺派の僧・島地黙雷《しまじもくらい》も同人であった。同じく、東本願寺末寺出身の井上円了《いのうええんりょう》も同人であり、仏教の改良が日本社会の改良につながり、ひいては日本の独立にも寄与すると論じた。僧籍を持つことがない人物でも、たとえば辰巳小次郎は仏教青年会など仏教諸団体との関係も深く、国粋主義と仏教との連関を示す典型的人物であった。辰己らは仏教が「国粋」であるという言説を広げ、それが次第に日本人の「アジア認識」を推進していくことになる。

辰巳小次郎の論理はこうである。世界人類の本性は同一であるにしても、それぞれの居住地の気候や気質により、それぞれの国特有の性質が形成される。この国特有の性質が「国粋」（ナショナリティ）である。西欧文明の導入により社会改良が必要であることを否定するわけではない。ただ、西洋文明の急激な導入に異議を唱え、その良いところをとり欠点を修正し、漸進すべきと考えるのである。その際に辰巳が注目するのは仏教であり、日本人の永続や隆盛を担保するには仏教の維持拡張が必要だとするのである。

ここで問われるのは、普遍宗教である仏教と日本の仏教との関係である。仏教はインド起源の宗教であり、仏教には日本という枠を越えた世界性がある。この問題に対して、井上円了などは、仏教は日本固有の発達進歩を遂げたという点に着目し他の国との差異化をはかった。この発想の背景には、従来の仏教世界像が海外情報の流入によって変容した状況が指摘できる。伝統的な仏教観においては、インド発祥の仏教が正しく中国を経て日本に伝来してきたのであり、日本の仏法はインドや中国の仏法と同一であるとされてきた。ところが、一方で、インドや中国における仏教衰退の事実が欧米の書籍を通して知られ、知識人の中ではそれが共通の認識となっていた。また実際にインドに行って仏教凋落の現実を確認した仏教者もいた。他方で、東南アジア諸国やチベットやモンゴルなどの他の仏教諸国の存在が目にはいってきた。このような認識の変化に対応して、日本の仏教が他のアジア諸国を牽引するという発想が起こってきたのである。その発想のもと、たとえば、当時、荒れ果てていたインドの仏教聖地ブダガヤを復興するという計画が生まれてきた。そこからさらに、「仏教的アジア主義」というべき考え方も生じた。仏教を共通基盤とするアジアを想定し、仏教を媒介とした共同性という考え方である（川瀬、二〇〇九、第一章参照）。それは、邪教であるキリスト教の侵入を防ぐためには、アジアに共通する基盤である仏教が役立ち、アジア諸国を包括できるという考え方である。この発想そのものは善意によるものであろう。しかし、アジア諸国は日本からの援助を求めていると想定されており、実際のアジア諸国の気持ちを十分に理解することができなかった。明治時代の国粋主義は、昭和のそれとの違いはあったものの、朝鮮半島や台湾などへの布教をなす観点において、昭和につながる面を認めることができる。

三　「実験」の流行

実験

明治の後期には西洋文明を内面的に受け取りなおし、人間の自我を主題にする思想も生まれ、さらにそこから注目すべき宗教運動も現れてきた。この思想潮流について、「実験」という単語に注目し考察していきたい。

「実験」という単語は、現在では自然科学での experiment の翻訳の意味で理解される。この場合には、「想定した理論や仮説が正しいかどうかを、人為的な一定の条件を設定し試して確かめること」、という意味で用いられる。しかし、明治時代には「実験」は、「実際に経験すること」という意味でしばしば用いられた。現在では「経験」あるいは「体験」と訳される experience が明治には「実験」とされたのである。そのため宗教的経験も「実験」と表現された。つまり、当時は experiment と experience の二つの意味がともに「実験」という単語であまり区別されずに表現されていたのである。たしかに、二つの意味を区別する用法として、experiment の訳語として「試験」という語が用いられることもあった。しかし、二つの意味が重なるような仕方で用いられることがしばしばあったのである。今日のように experiment の訳語として「実験」が定着するのは明治四〇年代以降とされる。

宗教的体験の意味で、「実験」を用いた宗教者は数多いが、その代表的な人物を列挙しておこう。キリスト教では、海老名弾正《えびなだんじょう》（一八五六〜一九三七）や内村鑑三（一八六一〜一九三〇）らはいずれも「実験」を重要視している。仏教では、東京（帝国）大学の講師だった原坦山《はらたんざん》（一八一九〜一八九二）をはじめ、清沢満之《きよざわまんし》（一八六三〜一九〇三）、近角常観《ちかずみじょうかん》（一八七〇〜一九四一）、佐々木月樵《ささきげっしょう》（一八七五〜一九二六）らのいずれにおいても「実験」は核心的用語であった。また、宗教思想家・綱島梁川《つなしまりょうせん》（一八七三〜一九〇七）が著した「見神の実験」は大きな論議を呼んだ。時代は下がるが、清沢の流れを引く、真宗の金子大栄《かねこだいえい》や曽我量深《そがりょうじん》は大正年間に刊行された著作でこの用語を用いており、著名な文学者・宮沢賢治（一八九六〜一九三三）も、宗教における体験の意味で「実験」を用いている。一九二六（大正一五）年頃に作成した「農民芸術概論綱要」の序論で、賢治は、科学と宗教と芸術の統合を「近代科学の実証と求道者たちの実験とわれらの直観の一致に於いて論じたい」と表現している。

明治後半期に「実験」という単語が頻出した背景を説明しておこう。いつの時代でも宗教的体験は、宗教の真理判定の重要な要素ではあった。とはいえ、伝統的社会では宗教的権威が真理判定に大きな役割を果たしており、宗教的体験そのものの持つ意義に一定の枠組みが課せられていた。そのため、宗教的体験に関する思想が無条件で正統的なものとみなされることや、その体験が知的な人々に広く受け入れられることはそれほど多くなかった。しかし、伝統的権威が弱体化するなかで、啓蒙主義や経験主義という近代の諸思想が生まれ、それらと出会うなかで、宗教的体験の意味が捉えなおされていった。こういった状況は欧米諸国においてもそうであったが、明治以来、実証的学問を積極的に受け入れた日本においては、宗教の意味をその体験、実際の経験において検証するという傾向が顕著に現れてきたのである。experiment と experience の二つの意味が、「実験」という単語にしばしば重ねあわせられたのは単語の定義がいまだ明確でなかったというにとどまらず、新たな真理の根拠を自らの体験を求め、それが西洋の学問的知見とも合致するという想定があったと考えるべきであろう。個々の宗教者が自らの「実験」を称揚するだけでなく、多様な諸宗教の本質を「実験」において学問的に探求しようとした研究者もいた。心理学者・元良勇次郎《もとらゆうじろう》（一八五八～一九一二）はその典型的例である。

元良勇次郎と宗教

日本の最初の心理学者とされる、元良勇次郎は宗教史の中でほとんど扱われることはなかった。それは心理学も宗教学も現在ではそれぞれが大学の講座を持ち、学会も研究者のグループも分かれていることなどがその理由としてあげられよう。しかし、明治のこの時期はそうではなかった。元良は心理学だけではなく、宗教や哲学の分野にも積極的に発言をしていた。なお、元良勇次郎の著作は多いが、それらは『元良勇次郎著作集』全一二巻、別巻二巻（クレス出版）で読むことができ、以下に紹介する元良の論考もこの著作集に所収されている。また、元良を知る上で重要な、故元良博士追悼学術講演会編『元良博士と現代の心理学』（弘道館、大正二年）は、『日本のこども研究―明治・大正・昭和―』第一巻（クレス出版）に所収されている。

元良勇次郎は幕末の一八五八年、現在の兵庫県、三田藩の藩校の儒学者の家に誕生した。明治維新後、洋学に強い関心をいだき神戸のアメリカ人宣教師宅に書生として住み込みながら、英語と洋学を学び、一八七四年に洗礼を受けてキリスト教徒となる。のちにキリストが神であることや、霊魂不滅の考え方に疑問をもち、キリスト教に距離をとるようになったものの、宗教に対する関心は続いた。同志社英学校（現、同志社大学）の第一期生として修学したのち、一八八三年にアメリカ合衆国に渡った。そしてその地で、心理学を中心に本格的に西洋の学問を修得し、著名な心理学者スタンレー・ホールのもと、ジョーンズ・ホプキンス大学大学院で博士号を取得した。ホールは、ウイリアム・ジェームズの指導下において、合衆国で最初にPh.D. in Psychology を取得し、アメリカ心理学会初代会長となった人物である。この時期のホールは、近代心理学成立の立役者として名高いドイツのヴィルヘルム・ブントのもとで研究し、合衆国に戻り、心理学実験室を創設したばかりであった。元良はまさに西欧の心理学の最先端の学問を身につけ、一八八八年に帰国したのである。帰国の二ヶ月後に、帝国大学文科大学（現、東京大学文学部）講師となり、次いで一八九〇年に帝国大学教授となり、一九一二（大正元）年に逝去するまでその職にあり、心理学の講義、実験の指導にあたった。元良によって近代科学としての心理学の専門的研究と教育とが日本で始まったのである。

元良は、心理学関連のカリキュラムを構築し専門的研究を行う人材を育てる制度を構築し、具体的な経験を科学的に研究するために、高価な実験機器をドイツから輸入し大学に設置した。しかし、かれはたんに西洋の学問を受容し、それを日本に移植しようとしたわけではなかった。西洋の学問を学びつつも、世界の中の日本における学問を樹立するという問題意識も持っていた。これは先に論じた、民友社や政教社の成立した明治二〇年代以降の時代背景に共通する問題意識である。元良の問題意識を象徴的に示しているのが参禅体験とその記録である。元良は一八九四年一二月二三日から三〇日まで、鎌倉の臨済宗の円覚寺帰源院に滞在し、釈宗演《しゃくそうえん》禅師に参禅している。ちょうど同じ一二月二三日から、文豪、夏目漱石も釈宗演のところで参禅した。東慶寺に残されている、参禅の名簿には、漱石の本名である夏目金之助と元良勇次郎の名が並んで記されている。漱石は、翌年一月七日まで滞在したが、宗教的悟りをえることなく帰り、その顛末はのちの小説『門』の題材となった。他方、元良の方は、釈宗演から与えられた公案を透過した。公案とは、禅の師が弟子を試み、指導をする問題であり、元良は「隻手の音声」という公案を釈宗演から与えられた。両手を打てば音が生じるが、隻手（元良自身は「赤手」と記している）、すなわち片手にどんな音があるのかという公案である。元良はこの公案に通った経緯を「参禅日誌」（『日本宗教』第一巻第二号、一八九五年八月）として公表した。この日誌の結論部分で、禅について以下のような意見を述べている。

一　禅学は神秘的のものに非す　合理的のものなり
一　禅学は言語を以て教へらるべきものに非す　各自の実験により得られるべきものなり
一　禅学を以て無用の頓智に過きすとするものあらば試に実験すべし
一　禅学は精神鍛錬の為めに益する所多し
一　禅学は純正哲学と「ストイク」的意志とを合したるものなり
一　禅学は智識に非ず　術に非す　自識なり　故に見性を言ふ

（『日本宗教』第一巻第二号、九四頁）

元良が参禅したのは、宗教的悟りを求めるというよりも、むしろ研究心から行ったものであった。実際に自ら体験する「実験」の重要さを強調し、禅は合理的で精神鍛錬の益するものが多いと結論づけたのである。この元良の「参禅日誌」は大きな反響を呼んだ。一級の知識人でありキリスト教徒とみなされた元良が参禅をしたこと自体も波紋を呼んだ原因であったが、その参禅の体験を講演したり文章で公開したりしたため、より一層の反響を起こしたのである。参禅のときの禅師との室内での話は口外しないというのが従来の慣習であったのだが、元良はそれを公にしたのである。そのこともあり、禅宗の側からは、元良の体験を批判する意見が多かった。のちに禅の思想家として有名になる、鈴木大拙（一八七〇～一九六六）は、友人の山本良吉に宛てた二つの手紙（一八九五年一月二四日、同年一二月二八日付）で元良について批判的に言及し、「元良氏の参禅は大悟と云ふべきにあらず　只僅かに少分の省覚と云ふべきのみ」とその体験の質を問題にしている。これは大拙の親しい友人宛の私信であり公表を意図したものでないものの、それだけに大拙の率直な意見と判断される。実際にそのあと、雑誌『日本人』第五八号（一八九八年）に元良の禅と自身の禅の理解はいささか違いあまり感心しない。元良は結論を急いで、その結論に至る道中の実験を軽視するという欠点がある、と明言している。そもそも、大拙は元良とは違い本格的に禅に取り組んできた。大拙は、釈宗演の師である今北洪川《いまきたこうせん》に一八九一年七月二七日に入門し、翌九二年一月に洪川が忽然と寂した後、そのあとを継いだ宗演について参禅した。一八九二年九月から三年間、友人の哲学者・西田幾多郎（一八七〇～一九四五）の勧めもあり、帝国大学文科大学哲学科の選科に席をおいていたが、次第に円覚寺の塔頭寺院に居住する時間が増え、本格的な参禅修行を継続していたのである。

もっとも、大拙と元良には別の関係もある。大拙の最初の単著『新宗教論』には、宗演の文が序におかれ、その次に元良の一八九六年九月九日の書簡が冒頭に掲載されている。この書簡は大拙が著作を刊行する際に、推薦する文を元良に依頼したのである。当時の元良が知識人社会で有した存在の大きさが推察される。また、大拙の禅理解と心理学との親近性を示しているともいえよう。『新宗教論』刊行後、渡米した大拙は、一九〇二年に刊行された宗教心理学の古典的名著、ウイリアム・ジェームズの『宗教的経験の諸相』の重要さにいち早く気づき、日本にいる西田幾多郎にその存在を教えた。この情報は、西田の『善の研究』の執筆に大きな影響を与えた。時代は下がるが、精神科医で心理学者であったユングと大拙は親交をもった。宗教の伝統や組織ではなく、自身の実験を重要視して宗教を論じるという点では大拙と元良に共通する点があったのである。
元良は参禅の後、禅と心理学との関係についていくつか論考を発表したが、そのなかでも重要なのは国際会議で発表した'The idea of ego in oriental philosophy'である。一九〇五年にイタリアのローマで開催された第五回国際心理学会に、日本政府代表の委員として元良は参加した。この発表の内容は、東洋哲学を西洋のそれと比較しつつ、元良の参禅体験をもとに東洋的自我のあり方を紹介するものであった。禅の体験を内観的な「実験」という意味での心理学的実験とみなした上で、その経験にもとづく考察をおこなった。この発表をフランスの著名な心理学者リボが好意的に紹介をし、フランス語にも翻訳がなされるなど、欧米人の関心をひいた。

元良の研究は、この時代の国粋主義の特徴の一つをよく示している。元良は先に紹介した雑誌『日本人』などに何度か寄稿している。元良は、様々なことを論じたが、宗教に関していえば、自らのキリスト教信仰を学的に相対化したものの、日本古来の儒教や仏教の人間論への回帰を主張したのではなかった。実証主義の立場から、日本人の心理学というべきものを探求し、日本人の生活を支えるものを模索したのである。

元良勇次郎は、自身の体験を考察しただけではなく、諸宗教の宗教者の体験を考察しようとした。そのため、キリスト教信者と仏教信者の率直なる信仰告白を理解しようという「宗教的経験談話会」を設けた。たとえば、一八九八年九月二七日に沢柳政太郎宅で、この会を開いている（西村見暁『清澤満之先生』法藏館、一九五一、二三九頁参照）。なおこの時には、清沢満之をはじめ、村上専精《むらかみせんしょう》、常盤大定《ときわだいじょう》、境野黄洋《さかいのこうよう》らが参加をしていた。また、海老名弾正も何度か元良に招かれて会に参加したことなどを述べている（海老名弾正「故博士の宗教思想」『元良博士と現代の心理学』弘道館、一九一三年所収）。

もっとも、元良が大正元年に逝去したのち、実証的な心理学は、その研究対象を限定し明確化するようになった。とくに、宗教や超常現象を論じることは回避されるようになっていった。この傾向は「千里眼事件」がおこったことでより強くなった。元良の心理学の後継者のひとりであった東京帝大助教授・福来友吉《ふくらいともきち》は、透視や念写という事象に興味を抱き、透視能力や念写能力を持つという人物の研究をおこない「実験」をおこなった。千里眼事件とは、この一連の出来事のことをいう。元良を含む有名な教授を前にした、この実験は成功しなかった。その結果、この事象に対して学界はそれらの能力を疑問視した。しかし、福来は透視能力の実在を信じ、自説を曲げなかった。元良の死後まもなく、福来は帝大を辞めざるをえず、心理学の学界の主流では超常現象を探求することはタブー視されるようになった。そしてそれとともに、実験心理学が宗教を主題として研究することを避けるようになった。しかし、元良の時代はそうではなかったのである。元良をとりまく宗教者とそれに対する思想動向を明らかにするために、綱島梁川を例にとって考察することにしてみよう。

見神の実験とその反響

一八七三年に岡山県に誕生した綱島梁川は少年時より宗教や文学に関心を持ち、一六歳のとき郷里近くの高梁教会でキリスト教の洗礼を受けたこともあり、キリスト教とは深い関わりがあった。その後、上京し、いまの早稲田大学に入学し、正統的なキリスト教信仰からはなれた。文学者・坪内逍遥《つぼうちしょうよう》や哲学者・大西祝《おおにしはじめ》などに師事し、東西の思想や文学を学んだ。それは正統的なキリスト教に替わりうる人生の根拠を求めたからである。そして、卒業後には、文芸評論や倫理学の研究を展開し在野の評論家・思想家となった。綱島梁川は正統的なキリスト教から離れながらも、自己独自の神観念を模索した。ところが、二二歳で結核を発病し次第に病状が重くなっていった。療養中に、神戸で会った牧師・海老名弾正の影響などもあり、再びキリスト教に目を向け直すとともに、仏教思想にも関心を寄せるようになった。そのような状況の一九〇四年、綱島が三一歳のとき、三度の「神」を見るという実験をした。綱島は、神を見るという「見神の実験」にもとづいた宗教的随想を病床から発表し、それが大きな反響を呼んだのである。

綱島の最初の実験は、一九〇四年七月で、帰依の歓喜が全意識を満たすような体験だったとしている。二度目は、同年九月で、そのときは、眼前の光景を神とともに観ているという意識の体験があったと述べている。そして同年一一月になされた実験が三回の中で「最も神秘的にして、亦最も明瞭」なものだったと綱島は説明している。その時には、「深き寂しさの底」から「堂々と現前せる大いなる霊的活物」と出会う「驚喜の意識」が存在したというのである。この体験をもとに思索を深めつつあったものの、それをまとめることのないまま、一九〇七年三四歳で死去した。この実験の告白に対して、さまざまな著名人からの反応があった。それらは当時三つの著作にまとめられ刊行されたが、この三書は『綱島梁川研究資料』Ⅰ巻・Ⅱ巻（『梁川全集』復刻版別巻、大空社、一九九五）に復刻収録されている。

注目すべきことは、綱島そのものの実験の真偽ではなく、このことに対して、多くの当時の知識人や宗教家が論じたことである。この反響の大きさこそ、先に述べた時代精神を象徴的に示しているからである。前近代においては、儒教や仏教の影響力が強く、天や仏という超越的なものによって支えられてきた個人の基盤は、近代に入ると少なくとも青年知識人たちの中においては著しく脆弱化した。そのような流れの中で、明治三〇年代において、青年知識人たちは見失われた超越的なものを模索した。また自己を確立する手がかりを哲学や宗教に求め「人生如何に生きるべきか」を問うて煩悶した。綱島梁川は明治期を代表する宗教思想家のひとりであり、キリスト教を基盤としながら、生の悲哀と煩悶の中で自己を追求し自己実現を目指すことを訴えた。つまり、定型化された伝統的思想や教義の権威が素直に受け取られにくくなる風潮とともに、個々人の実際の経験を重視するという時代の流れが存在したのである。それゆえ、この風潮に棹さした綱島の実験は、綱島が高等教育を受けて思想的論述を著した教養人であることがあいまって、自らのなした実験を活字にして世に知らせたことによって大きな論議を呼んだのである。そして、その実験の内容は、特定の宗教に準拠せず、個としての自覚において表現されている点に大きな特徴がある。

綱島の実験はさまざまな立場から論じられた。その論考の中で、精神病の研究者である門脇真枝《かどわきまさえ》は、綱島の見神は病的な現象であり、精神病院病室内で語るべきものと酷評している。門脇は近代文明の隆盛を背景に、「狐憑き」のような超常的現象を実証的・統計的方法によって研究した医師である（川村邦光『幻視する近代空間　迷信・病気・座敷牢、あるいは歴史の記憶』青弓社、一九九〇）。人間の知覚は神経によって脳に伝達され、脳が精神作用をつかさどるという前提のもと、見神や狐憑きが病的なものであると示そうとしたのである。

近代科学を学んだ人であっても、一律に見神の実験を全面的に否定したわけではなかった。元良勇次郎は、見神は宗教的な状態が精神上に現われたもので、特別なことではないとする。ただし、それは「主観的」なものであるとする。問題は、病的か否かであるが、病的なものは熟読吟味すれば、不道理が見えてくるのに対して、そうではない卓越した考えにおいては、普通の人間にはできなくても、それを実行し吟味すれば心が開けてくるとする。そして、ソクラテスがしばしば神を感じたことを取り上げ、これは当時の人々からは病的と判断されたが、後代からは大天才とされたという例をあげる。つまり、見神という現象においても、それを一概に否定はせず、そこに合理性があるか否かを重要視したのである。

綱島の実験について、真正面からの批判をおこなったのは、東京帝国大学の哲学の教授、井上哲次郎であった。井上の批判の論点を末木文美士は次の二点にまとめている（末木、二〇〇四、二〇五〜二〇九頁）。第一は、見神を不健全な偽善的なもの、せいぜい次元の低いものだという批判である。綱島の見神は病気による異常で主観的・女性的・他力的で価値が低いとみなすのである。第二は、綱島の見神の内容は、歴史や社会を考慮していないという批判である。たしかに、思想や宗教は歴史的状況の中で考えなければならない。井上は、日本こそ東洋の精神の精華を発揮し、東西の思想宗教を統合するということが強調されなければならないと主張するのである。しかし、綱島は歴史的状況を必ずしも無視するわけでなく、また東西思想宗教の綜合の方向性も有していた。

綱島の実験には、キリスト教とも仏教とも通底するものがあった。そのことは綱島から西田天香《にしだてんこう》（一八七二〜一九六八）宛の書簡によく示されている。西田天香は、京都に一燈園という生活共同体を結成し、無一物中無尽蔵という信念のもと懺悔と奉仕の共同生活をはじめたが、この一燈園という名称は、綱島の著作「一燈録」に由来するものである。綱島から西田宛の一九〇七年一月一七日附の葉書には、「小生は今日神に召され候とも永く兄等と偕に働き此光栄ある聖霊の事業に参加いたすべく候……アーメン」と記されている。また、死の直前の一九〇七年九月九日附の葉書では、「神とクリストの一層近くますてふ実験を得させて貰ふことが屡〻である」と述べている。他方、一九〇七年二月九日附の葉書では、「朝な〳〵佛と共に起き夕な〳〵佛を抱きて伏す」と記している。要するに、綱島はその宗教的境位を伝統的なキリスト教や浄土教のどちらとも通底するものとして表現したのである。一九〇七年一月一四日附の西田宛葉書で綱島はこう述べている。「宗派心の折伏超越而して真生命ある信仰の獲得弘布是れ我等が少くとも一大標識候也」。これは、個別の宗教・宗派によってたつ「宗派心」を「折伏超越」すること、すなわちそれを打ち砕き乗り越え、本当の生きた信仰を獲得し、それを弘めることが私たちの立場であるといっているのである。このような綱島の主張を具体的に展開したのが西田天香であった。

これに対して、真宗の近角常観は、綱島の実験を真宗の立場から肯定的に捉え、好意的な論評を著した。綱島のほうも近角を「先醒」と呼び、自分より先に覚醒した人物として敬意を表している。ただし、生前になした綱島の実験は、真宗の信仰には薄いヴェール一枚ほどの隔たりがあるように近角には感じられた。その上で、近角は綱島は最終的には浄土往生をしたのであろうと近角自身の信仰に引き寄せて綱島を位置づけている（岩田文昭「浄土教における回心とその物語　―近角常観・綱島梁川・西田天香―」『大阪教育大学紀要　第I部門　人文科学』第六七巻二〇一九年所収参照）。

綱島の実験は様々に解釈された。それだけ当時の精神世界・宗教世界に大きな関心を持たれたのである。綱島の実験は「神」を見るにしても、「神」に自己が吸収されたわけではない。個の自覚は明確に残っていることを末木文美士は強調し、そこに狭いナショナリズムを越えた新たな思想が生まれた可能性を指摘する。いずれにしても、綱島はそのような思想を展開する時間もなく、一九〇七年に三五歳で没した。

四 「実験」と宗教——海老名弾正、近角常観、西田天香

海老名弾正と近角常観と西田天香の三者は、立脚する宗教の違いがあれ、共通点が多い。宗教における実験を強調した三人は、ともに綱島梁川と直接の関係があり、綱島の実験を好意的に解した。そして、三人とも明治後半期から大正期全体にかけての宗教史において重要な役割を果たし、煩悶青年の受け入れ先になった。海老名と近角はともに現在の本郷・東京大学付近で説教し、そこには多くの知識人青年が集まった。西田は、京都に一燈園という生活共同体を結成したのである。まずは海老名弾正について論じよう。

海老名弾正の実験とキリスト教

海老名弾正が東京の本郷教会（現・弓町本郷教会）で説教をしていた明治の終わり頃には、日曜ごとに五、六百人の会衆が集まった。その説教は啓発に富み、その影響力はきわめて大きかった。本郷教会をはじめ日本各地で布教活動を行い、現在の同志社大学の総長もつとめた。海老名は日本の精神伝統にキリスト教を根付かせることに熱心であり、日露戦争を積極的に肯定するなど、国粋主義的な面が強く、「武士道的キリスト教」とか「神道的キリスト教」と呼ばれることもあった。正統的なキリスト教を忠実に伝道したわけではなかったが、それだけにこの時代の日本の精神状況の特徴をよく示している人物である。

海老名弾正は福岡の柳川の藩士の生まれである。武士として生きることを強く自覚して成長したものの、明治維新後の廃藩置県など状況の変化のため、熊本の洋学校で学ぶことになり、そこで熱心なクリスチャン

である外国人教師によってキリスト教に出会った。一八七六年一月三〇日、海老名を中心にして徳富蘇峰ら三五名の青年たちがキリスト教のために戦うことを誓う奉教趣意書に署名をした。これが日本プロテスタント史の一源流である熊本バンドの結成となった。その年の秋、海老名らは新島襄《にいじまじょう》が設立した、同志社に移った。海老名は、三位一体などの信条や教理よりも、神は父で、自分は神の赤子であるという自身の内面における体験を重視し、自身の実験をもって布教活動を展開した。正統キリスト教神学では、キリストが「神性」と「人性」の二つの本性を有する存在であるとされるにもかかわらず、キリストを人間的に捉え、本性的に人間であると論じていったのである。

このような海老名のキリスト教理解は正統的キリスト教からすると異端的なものであった。そのため、牧師で神学者である植村正久から徹底的に批判された。植村は、キリストを人間として捉える海老名の立場の問題を明確にしたのである。論争の結果は植村の勝利に終わった。ところが、植村は海老名の教理理解は問題であるとしても、その信仰は善良なる霊的力に満ち、正統的クリスチャンよりも真実なクリスチャンであったと表明した。海老名の日本キリスト教界における存在感の大きさが推察できる。

熊本バンドの出身者の多くは、徳富蘇峰もそうであったが、政治・社会・文化の問題に深い関心を持っていた。海老名はその関心をキリスト教と儒教・神道・仏教といった日本の精神的伝統との関係から追及した。武田清子は、海老名が日本の伝統に対決したのではなく、その伝統の中にキリスト教伝道の土台を見出したとして、その妥協的性格を次のように説明している（武田清子「海老名弾正評伝」、海老名、一九六〇所収）。すなわち、第一に、儒教とキリスト教を「断絶」ではなく「連続」として捉える点。そもそも海老名が熊本時代に入信したのは、儒教の完成をキリスト教に求めたからである。キリスト教の神と儒教の上帝とは同じではないが、結局、同じところに帰着すると考える。儒教の敬人思想はキリスト教を根付かせる土台になるとするのである。第二に、神道に由来する敬神思想や一神教の立場に、キリスト教と接続する宗教的土台を模索した点。平田篤胤の神理解の一神教と通じるものを海老名は指摘し、明治天皇の神への言及をキリスト教の神に引き寄せて解釈する。第三に、仏陀崇拝にも一神教の性格を認める点。そして、儒教の敬天思想や神道の敬神思想、一神教となってきた仏教の伝統、これら三教を総合した敬神思想を「日本精神」と呼ぶ。この日本精神にキリスト教を結びつけることで「新日本精神」を創造することを海老名は追求するのである。海老名は日本の伝統的思想をそのまま肯定するわけではないものの、「日本」に密着することになったのである。

以上のようなことが日露戦争のときに内村鑑三の非戦論とは対称的に主戦論を唱えたことにつながってくる。海老名は、国家興隆のために一身をささげ、父や息子をささげることを美としてたたえ、国民的忠誠を強調した。このような海老名の姿勢は、朝鮮半島や満州などへの植民地布教にもつながった。海老名は、朝鮮半島にも満州にも伝道旅行に行っている。もちろんそれはキリスト教を伝えることに使命を感じていたからであったが、同時に日本帝国の発展ということも目標としており、キリスト教の世界同胞主義と植民地政策との矛盾を問題とすることはなかった。そのうえ、海老名の弟子たちは、海老名の立場をさらに国家主義的に解釈し、朝鮮総督府の機密費より匿名寄付をもらい、朝鮮伝道を計画もした。このようなことがあったため、戦後、海老名を厳しく批判する研究が当然のように現れてきた。

とはいえ、海老名には別の側面もある。それは大正デモクラシーとのポジティブな関係である。大正デモクラシーの中心人物である吉野作造は、海老名の熱心な信者であった。東京帝国の学生時代に本郷教会員となり毎週、海老名の説教を聞いた吉野作造は、自身の思索生活にもっとも大きな影響を与えたのは海老名の説教であったと回顧している。海老名が主催した雑誌『新人』に吉野はほぼ毎号論説を載せているが、『新人』に掲載された海老名の説教の三分の二は吉野が筆記したものだとされている。吉野の思想運動は、キリスト教の人道主義に支えられていたのだが、その人間観は、海老名のそれから強く影響を受けたと武田清子は指摘している。

およそあらゆる宗教家には評価される面と批判される面の両面があろう。とくに時代の中で大きな影響を与えた宗教家に対しては、その両面があることを忘れてはならない。海老名の思想はしばしば批判的にのみ言及されるのであるが、一面的にその思想を批判するのではなく、その思想の持つ積極的意義もあわせて理解する必要がある。

近角常観の実験とその物語

宗教における実験を強調し、キリスト教の海老名弾正や内村鑑三と対応する仏教者としては、近角常観をあげることができる。近角は海老名や内村と同じような時期に東京・本郷で活躍し、その信徒の層も内村らと重なっている。実験を強調する教説には類似性があり、キリスト教と仏教との違いを越えた時代精神の共通性をそこに認めることができる。

近角常観は、現在の長浜市湖北町に、真宗大谷派の寺院の長男として生まれた。真宗の僧侶となることを期待されて誕生した近角は、伝統的な真宗の教えや経典の読み方を幼い時より徹底的に教え込まれた。京都府尋常中学校で学んだ後、清沢満之の推薦により、東本願寺の留学生として、東京に行き、現在の東京大学で西洋の学問の研鑽に励んだ。大学在学中の一八九七年九月、深刻な煩悶の果てに長浜で決定的回心をした。そしてその自らの回心体験を次第に仏教青年会の講演や雑誌での連載記事などによって語るようになる。大学卒業後、一九〇〇年から二年間、東本願寺の命により宗教状況の視察のために欧米に渡った。一九〇二年に近角は帰国し、もとの居住地に戻り、この地に学生を寄宿させる求道学舎を創設し、真宗の布教活動に熱心に取り組んだ。近角の説教は、自ら実際に体験した「実験」をもとに語るものであった。

本郷・森川は、東京大学にごく近いという地の利もあり、多くの青年が近角の説教を聞きに集まってきた。求道学舎に入られないほど多くの人が集まるようになったため、一九一五年に、隣地に新たに洋風レンガ造りの説教所、求道会館を建立した。近角は一九三一年に脳溢血で倒れ、それ以後、病床生活が多くなり活動する機会が減ったものの、一九四一年に逝去するまでこの地で布教活動を行った。

近角の説教を聞いた人の名を少しだけ列挙しておこう。哲学者では、三木清（一八九七〜一九四五）や谷《たに》川徹三《かわてつぞう》などは、近角に親近したことを生涯忘れなかった。私小説作家の嘉村礒多《かむらいそた》は、近角を師と仰ぎ、小説『業苦』や『崖の下』で近角を描いている。

近角の周りには多くの煩悶青年が集まってきた。華厳の滝で自殺した藤村操自身は近角との直接の接触はおそらくなかったにしろ、その友人たちは近角の周りに集まっていた。近角が刊行した雑誌『政教時報』や『求道』には、藤村操の自殺直前の様子や自殺に衝撃を受ける友人たちの証言が掲載されている（『政教時報』一〇三号、一九〇三年八月八日刊。『求道』第二巻二号、一九〇五年二月一日刊）。

これらの煩悶青年を前に、近角は自身の青年期の煩悶とその煩悶から救われた「実験」を語った。多くの読者をえた『懺悔録』で近角はその実験を次のように物語っている。大学に入学した近角は、学問を放棄する覚悟をもって大谷派の宗門改革に奔走した。ところが、改革運動から東京にもどった後、身体のみならず、心もむやみに疲れてきた。それにくわえて、人間関係がこじれ始めた。しかし、それにとどまらず、友人に不信をいだく自分自身に嫌気がさしてきて、恨めしく思えてきた。他者への葛藤が自己のうちに亀裂をもたらしたのである。自分が死ぬことも何ともないと思い、自殺さえ思った。大学の試験を受ける気力もおこらなかったが、これは友人に助けられてかろうじて試験をすますことができた。煩悶がやむことなく、友人が慰めてもこの状態は変わらなかった。故郷に戻り、両親が話しかけても、反抗的態度をとる。一八九七年八月は苦悶の頂上で小さな部屋の中を爪先立って、きりきりと舞う状態だった。心の不調とともに体調もおかしくなり、腰部に激痛が生じてきた。肉の下が膿む「ルチュー」という難病である。滋賀県長浜病院に、二週間入院した。その間、一命も危ぶまれたがいったん退院した。その二日後の九月一七日、「自分は罪の塊である」と苦悶しつつ、病院に切り口を洗いに行った。その帰り道に空を見上げたとき、にわかに気が晴れて来た。そのとき、煩悶が解消され救われたという。「これまでは心が豆粒の如く小さくあつたのが、此時胸が大に開けて、白雲の間、青空の中に、吸ひ込まれる如く思はれた」。

近角のこの実験をそれだけを取り出せば、浄土教の教えにより救済されたかは、必ずしも判明ではない。またこの当時の出来事を書いた近角のノートには、ごく簡単に「九月十四日出院　九月十七日初メテ精神爽快トナルニ至レリ　十月十日上京　爾来精神健全却テ病気前ニ数倍スルニ至レリ」と書かれている。ところが、近角はこの「精神爽快」を阿弥陀如来による救済と捉えた。近角は浄土教の伝統の中に自身の実験を位置づけたのである。この位置づけには、二つの側面がある。一つは近角の自己理解という面である。滋賀でなんらかの体験をしたことを浄土教の言葉・概念を用いて自己の物語にしたのである。もう一つは、他者への語りという面である。自身の実験の意味を浄土教の中に求め、それを正当化することで他者に浄土教の伝道をしたのである。そして、近角の実験の物語は、煩悶を解決する実験のモデルとして、信徒たちに受け入れられていったのである。

西田天香の実験とその物語

西田天香は近角常観と時期的にも場所的にも近いところで生きた。両者は綱島梁川に関わることで接触したことがあったものの、それぞれの精神的活動を追求していった。近角と同じく現在の滋賀県長浜市で近江商人の子として西田は誕生した。一八八九年、二一歳のとき北海道開拓団の団長として、北海道での開墾生活に入った。北海道入植には、徴兵を回避することもその動機の一つとしてあった。入植後、西田は駅の誘致・建設、児童教育の実施や商業網の形成などに取り組んだ。開拓が進むにつれ、会社を設立したものの、経営不振に陥り、出資者と開拓民との利害が衝突し、その板挟みにあった。その結果、数年間の煩悶の日々を送るなか、一九〇三年秋、京都でトルストイの『我宗教』を読み啓発される。翌、一九〇四年四月二七日から三日間、長浜市八幡神社境内の愛染堂に参籠し、新しい境涯に入ることになる。

後の一九二一年にこのときの出来事を物語った講演録が『懺悔の生活』に所収され、西田の回心談として人口に膾炙するようになる。その物語によれば、西田は奪い合いという生活に行き詰まり、死を覚悟しながら参籠していたときに赤子の声を聞き、それによって、与え、与えられる人間関係の中に喜びを共有する可能性に気づき、こぼれ米などを食したのだという。「この時偶《ふ》と耳にしたのは嬰児の泣声であつた。ハッと思った。わたしも赤子のやうに泣いたなら――と。彼の子は今泣いてゐる、彼の子の母は乳を膨らしゐるに違いない。……泣いてくれ、ばこそである。乳を呑むのは生存競争ではない、闘ではない、他を凌ぐのではない、呑むことによつて母も喜びにあふのである」。

ところが、西田自身が記した一九〇四年四月当時の記録には、「赤子の声」などの記述はない。それゆえ、後年にこの回心の出来事を劇的な筋書きへと変化させ物語ったと考えられる。過去の出来事により自身の生活が一変したことによって変化したのである。近角の場合と同じように、回心の出来事の自己理解の深化とそれを他者に伝えることによって物語化されたのであろう。ただし、近角は浄土教の言葉を用いて物語化をはかったのに対して、西田はキリスト教や仏教など諸宗教の真髄にあると考える、独自の概念を中心にして物語を展開していったのである。この後、『愛と認識との出発』や『出家とその弟子』など著した評論家・劇作家である倉《くら》田《た》百三《ひゃくぞう》が一九一五年に一燈園に同人として参加するなど、一燈園は大正時代の青年たちの精神的欲求に応答する一つの有力な場となった。

キリスト教の海老名弾正や内村鑑三や仏教の近角常観、一燈園の西田天香などはそれぞれの依拠する物語により煩悶青年の受け皿になった。そして、かれらの影響力は大正教養主義の時代に大きなものとなっていくのである。

参考文献

岩田文昭（二〇一四）『近代仏教と青年―近角常観とその時代』岩波書店
海老名弾正（一九六〇）『新人の創造』教文館
川瀬貴也（二〇〇九）『植民地朝鮮の宗教と学知』青弓社

佐藤達哉（二〇〇二）『日本における心理学の受容と展開』北大路書房
末木文美士（二〇〇四）『明治思想家論　近代日本の思想・再考Ⅰ』トランスビュー
中川未来（二〇一六）『明治日本の国粋主義思想とアジア』吉川弘文館
藤田正勝（二〇一八）『日本哲学史』昭和堂
松本三之介（一九九三）『明治精神の構造』岩波書店
――（一九九六）『明治思想史』新曜社
宮田昌明（二〇〇八）『西田天香』ミネルヴァ書房
『元良勇次郎著作集』刊行委員会編集（二〇一三～二〇一七）『元良勇次郎著作集』（全一四巻・別巻二）クレス出版

コラム① 文部省による宗教行政の掌握

江島尚俊

一 宗教に消極的な文部省

あまり知られていないが、明治前半期までの文部省は宗教に対して消極的な姿勢をとっていた。いや、忌避していたといっても過言ではなかった。たとえば、こんな事例がある。一八八二年に神奈川県内のあるキリスト教系教育施設が「正式な学校として認可してもらいたい。」との陳情書を同県々令に提出している。認可の是非を判断しかねた県令は、文部省に伺いを立てた。しかし、なかなか返答がなかったので再び伺書を送付したところ、最初の伺いから半年以上経ってようやく返答があった。そこでは、文部省は不認可を匂わせつつも、最終的には県令自身で裁可するよう求めていた。この当時は、教育と宗教の分離は明確ではなかったし、学校に関する法整備も未熟な状態であった。また、解禁されたとはいえキリスト教はまだ公式には行政対象ではなく、黙認の状態にあった。近代国家における国民教育を担うべく新設された文部省としては、行政上、種々の難問を抱える宗教とはなるべく関わり合いたくなかったのが本音だったのである。

しかし、一八八四年に大きな問題が発生する。今度は、政府に太いパイプをもつ東西本願寺住職らが、大教校（＝僧侶養成施設）を官立学校に準じた学校として認可して欲しい、という陳情書を提出、それが京都府知事↓内務省経由で文部省に届いたのである。当時の徴兵制度では官立学校の教員・学生は徴兵猶予特典を得ることができた。その特典を大教校に適用できるようにと東西本願寺住職らは連名で陳情したのである。先述したように文部省はなるべく宗教に関わり合いたくなかった。しかし、政治的にも制度的にもこれは自省のみで裁可できる案件でもなかった。そこで本件を太政大臣に上申し、裁可を仰ぐこととした。結果的にはこれが功を奏し、神道・仏教に関する事案は全て内務省所管であり、（この当時は）そもそもキリスト教は行政対象外であるので、文部省は宗教関係の教育施設に関与しなくて良い、とのお墨付きを得ることとなった。このお墨付きは数年間にわたって文部省内で堅持されていく。だが、九〇年代に入ると国内および外交状況の変化とともに、徐々に文部省の姿勢が変わっていく。

二　積極性を見せ始める文部省

文部省が宗教行政へ積極的姿勢を見せ始めた発端として、一八九〇年の教育勅語渙発と九四年の日英修好通商条約締結が挙げられる。さて、読者の皆さんは、一八七一年に文部省が創設されて以来ずっと、同省は不要論や廃省論に曝されていたことをご存知だろうか。「教育は内務省で所管すればよい」「天皇もしくは内閣が教育を直轄すべきだ」「学校の権限は中央から地方に委譲すべき」などと攻撃され続けていたのである。しかし、教育勅語渙発とその後に全国的拡がりをみせた第一次「教育と宗教」論争を経て、文部省は誰もが批判できない確固たるミッション＝教育・学校行政を通して教育勅語を敷衍していくというミッションを獲得することとなった。九〇年代の文部省は教育勅語を基準としながら教育・学校行政およびその制度の再編を試みるが、そこでは宗教系の教育施設の所管も含めて検討されていった。

このような国内動向とともに積極的姿勢への呼び水となったのは、日英修好通商条約締結であった。この条約は一八九四年に締結、正式発効は一八九九年であったが、そのなかに日本国内で大きな議論を巻き起こした条文があった。それは、外国人内地雑居に関する条文である。幕末の開国以来、外国人は定められた居留地のみでの居住を許されてきた。しかし、条約発効をもって居留地外でも自由に居住できるようになる。これに対し国内では賛否を交えて大きな議論が巻き起こったが、内務省では外国人内地雑居を治安問題として捉え早々と動き出すこととした。そこに浮かび上がってきたのが、キリスト教系教育施設の行政所管問題である。もし内地雑居が開始されれば、キリスト教の宣教師らが国内各地で教会および教育施設を設置していく（可能性がある）。にもかかわらず、それらに対し行政所管しないという姿勢は非常にまずい、何らかの対応策を考えなければならない、と内務省は考えた。そこで同省は、文部省にその対応策を共に考案していくよう提案したのであった。

すでに宗教系の教育施設所管を前向きに検討し始めていた文部省は、この提案を追い風としてまずは省内でさらなる具体案を検討することとした。その結果、極めて興味深い行政論が文部省内で密かに形成されていく。最初は、宗教系教育施設を文部省が正式に所轄することを企図して宗教学校所轄論が議論されていたが、一八九七年頃になると、キリスト教も含めた宗教全般の行政を文部省が所管すべきだ、という宗教行政所管論にまで至っていたのである。しかし、一九〇〇年に社寺局が改組、神社局と宗教局に分割されるも両者はともに内務省内に留まることとなった。思惑が外れた文部省ではあったが、その後、一三年をかけて宗教行政の掌握を実践していくこととなる。

三　とうとう宗教行政を掌握

宗教行政掌握の中心的役割を担ったのが奥田義人《おくだよしと》（一八六〇～一九一七）という人物であった。奥田は一八九八年に文部次官に就任しているが、おそらくこの時に宗教行政所管論に接したと考えられる。さて一九〇二年時、法制局長官へと転任していた奥田は、第一次桂太郎内閣下で模索されていた行財政改革の策定責任者に任じられていた。そこで奥田は、文部省人脈を活かし、改革案の一つとして宗教局の文部省移管を提案したのであった。しかし、奥田の改革案には内務省や陸海軍に関する規模・権限の縮小も盛り込まれていたため、それらを支持母体としていた桂に黙殺されてしまう。その後、一九〇四年には日露戦争が勃発、翌年に日本は辛くも勝利を収めるが、その戦費支出総額は日清戦争の約七・八倍、開戦時年度の予算額の約八・二倍にのぼる膨大な金額であった（余談になるが、この膨大な戦費はほとんど外債頼みであり、完済できたのはなんと一九八六年であった）。これほどの戦費および戦後に生じた軍備費を捻出するため、日露戦争後の歴代内閣はことごとく行財政改革を実施せざるを得なかった。おそらくこの時期にも、宗教局のことも議論されていたのではないかと筆者は考えているが、行政文書や当時の資料の中にそれを見出すことはできなかった。

さて、次に宗教局改組が行政文書に登場してくるのは第二次西園寺内閣のときである。一九一一年に同内閣は組閣されているが、行財政改革実施のためにすぐに臨時制度整理局を組織、その翌年には改革案を提示されている。そこでは文部省に宗教局を移管するどころか、内務次官が神社局長を兼任、宗教局は廃止し内閣官房内に宗務課を新設する、と提案されていた。筆者が考えるに、これは内務省所管のままで規模縮小を企図、かつ神社行政・宗教行政をより政治的に活用していこうという意志の表れであった。しかし、全国神職会を筆頭に種々の批判が巻き起こったため、この案は実現することなく自然消滅した。

その後、第三次桂内閣が組閣されるも三ヶ月で倒閣、続いて一九一三年に第一次山本権兵衛内閣が組閣される。このとき文部大臣に就任したのが先の奥田義人であった。また、内閣の実質的な中心人物として内務大臣には原《はら》敬《たかし》（一八五六〜一九二一）が就任していた。原は組閣直後に行財政整理の政務調査会会長に奥田を就任させる。それを受けて、奥田は整理案を策定していく。そこには当然、宗教局の処遇も盛り込まれた。宗教局を送り出す側の内務大臣である原と共に奥田は経費削減等についても綿密に打ち合わせした上で、一九一三年六月にとうとう宗教局文部省移管を実現させる。文部省内での最初の構想から約二〇年が経過してのことであった。

その後、宗教局は戦時体制下の進展に伴い宗教課に格下げされ、戦後には宗務課へと改称される。そして同課は、社会教育局→大臣官房→調査局→文化局、さらに一九四三年には文化庁文化部内へと所管が変更され、現在に至っているのであった。

第三章　近代と格闘する仏教

福島栄寿

一　はじめに

本章では、明治二〇年代末から日清・日露戦争後の明治後半期における時代状況において、仏教者たちが、いかにその時代の諸課題と対峙し、格闘しようとしたのか、について、その諸相を概観したい。

取り上げるべき人物や活動等は多いが、なかでも当該期の仏教史を知る上で不可欠な二つの仏教信仰運動を主に取り上げる。具体的には、清沢満之らの興した精神主義運動と、仏教清徒同志会による新仏教運動である。両運動の主義主張を比較しながら考察することで、好対照な特徴を浮き彫りにしたい。また、これらの仏教信仰運動に焦点を当てるだけでなく、それに付随する前史や諸問題についても出来るだけ触れていくことにしたい。

二　明治二〇年代末の仏教の現状

古河勇「海外宣教問題と日本仏教の革新」（『海外仏教事情』）

仏教青年協会を主宰し、後に「経緯会《けいいかい》」（仏教清徒同志会の前身）を組織するなど、仏教改革の推進に邁進した真宗本願寺派僧の古河老川《ふるかわろうせん》（勇）（一八七一～一八九九）は、「海外宣教問題と日本仏教の革新」（『海外仏教事情』第三三巻、明治二六年三月）の中で、次のように述べる。

過去二十余年間を顧みて日本仏教の目覚まし時計たりし者は何ぞと思へ、余は第一に廃仏毀釈論の行はれしを見るなり、第二に耶蘇教の伝播せしを見るなり、此二目覚ましの為に仏者二百年間の長夢は覚めたり、僧俗共に奮起せり、（中略）惜哉一大頓挫は我徒の行程上に起れり、即ち明治二十年頃より仏教復活の声出て来りし事是なり、（中略）如何にせん之より目覚まし時計の我に驚かすなく、耶蘇教の勢亦往日の如くなる能はず而して廃仏毀釈は既に一時の夢と消え失せたり、（中略）安逸を貪るは人の情なり、仏教徒は乍ちにして此小成に安んじたり、而して今や再び歎息の声を聞かんとす、是れ豈我徒今日の状態に非ずや、（中略）余は此に至りて猶預なく我徒をして海外宣教に心を向はしめ、徐々之に着手し仏教の学問、伝道、勤行等を凡て世界の批評に上ぼし、其忠告によりて自家の知らざる臭を知り、増すべきは増し止むべきは止め、大に改良の途に向はしむるに如かずと云はん、

「小成に安んじ」ている日本仏教の現状を憂慮する古河の危機感が伝わると同時に、明治二六年当時において、明治期以降の仏教改革が落ち着きを見せていたことを知ることができる。古河は、仏教改革の糸口を海外宣教にあると主張している。

さらに古河は、翌年「懐疑時代に入れり」（『仏教』八三号、明治二七年一月）で、明治二七年の宗教界・仏教界に対して、提言している。

明治廿七年の宗教界は思想上如何なる時代に在るか。吾人の所見を以てすれば、是れ基督教徒に取りては已に懐疑時代を終へて、批評時代に入れるものなり、仏教徒に取りては已に独断時代を終へて、懐疑時代に入れるものなり。（中略）日本の仏教は已に一転して、世界の仏教となり居るべし。されば過去に去りたるは日本仏教の独断時代なり、未来に来るべきは世界仏教の独断時代なり。（中略）夫れ基督

教徒も進むべし、仏教徒も亦進まざるべからず、（中略）精神的の文明豈独り後に瞠若たるべけんや。

世界仏教を目指して進歩すべきだと、仏教のあるべき未来を熱く語る古河の言辞には、仏教者としての使命感に満ちている。それまでは江戸幕府による寺請制度によって護られてきた仏教者たちは、明治という未知なる世界へと投げ出されたのだった。では、直面した危機のなかで、彼等が対峙し取り組まねばならなかった課題とは何であったか。例えば、それは、廃仏毀釈に象徴的な明治国家における神道中心の新たな宗教政策がもたらした宗教の地殻変動のことであった。また、禁教を解かれ、西欧から流入するキリスト教の脅威であり、須弥山世界を中心とする仏教的世界観を揺るがす科学実証的な西洋文明の知識であった。さらに内地雑居後においては、当然ながら、仏教者にとっては、キリスト教との対抗は切実な課題となっていくのである。

だが、明治以降、こうした諸課題に対峙してきたはずの僧侶たちに対する評価は厳しいものがあった。例えば、『時事新報』「僧侶の品行」（明治二八年一〇月一八日）では「彼等（僧侶―筆者）の多数は全く堕落して殆んど救ふ可らず。」（慶應義塾、一九六九）と、僧侶への信頼は無きに等しかった。すなわち、仏教者たちは、新たな世界観や価値観へと変容し、彼等への信頼をも喪失しかけた時代状況下において、いかに再び人びとに必要とされる仏教へと甦らせることができるのかという課題を突きつけられたのである。加えて、仏教者たちは、明治新政府との関係の模索という課題や、文明の時代に通用する僧侶たちの教育という課題にも取り組みながら、多くの葛藤を抱きつつ、教団を挙げて格闘することとなったのである。

古河が振り返った過去二〇年間の仏教変革の動きとは、そうした新しい時代に翻弄されながらも、仏教者たちが崖っぷちで踏み止まろうとした営みであった。こうした状況下において、古河は、僧侶たちが、必ずや世界仏教としての新しいあり方を模索し、新時代に軟着陸できるよう生まれ変わる必要があるという課題を説示したのであった。

真宗大谷派の白川党教団改革運動

古河と同時代を生きた仏教者たちにも、同様の危機感が張っていた。そうした危機感のなかで旧態依然とした仏教教団のあり方を改革しようと立ち上がった青年仏教者たちもいた。例えば、真宗大谷派における清《きよ》沢満之《ざわまんし》(一八六三〜一九〇三)たちを中心とした白川党の青年仏教者たちによる教団改革運動もそうである。この教団改革運動の機関誌『教界時言《きょうかいじげん》』(第一号、明治二九年一〇月)の巻頭言「教界時言発行の趣旨」には、教団改革への気概を込めた言辞が掲載されている。

東西両洋の文化は、(中略)今や等しく我邦に会し、共に我邦固有の精気に同化せられて、我大日本帝国の文化となり、漸く将に其光輝を宇内万邦の上に煥発せんとす、是れ豈世界的統一的文化に非ずや。嗚乎生を此聖代に享け、斯世界的統一的文化の原造者たり発揚者たる者、抑何の幸栄ぞや。余輩帝国民たる者、豈奮発興起せずして可ならんや。(中略)余輩の希望する所は、我大谷派をして其積弊を掃蕩して、前途の方鍼を確定し、大谷派が当に為すべきの本務を為し、以てかの世界的統一的文化の暢発を助け、以て国家の盛運を翼賛せしめんと欲するに外ならず、教界時言発行の本旨亦茲に在り。

彼等の主張するところを端的に言えば、次のようになろう。すなわち、西洋文化と東洋文化の潮流が、まさに今、「我邦固有の精気に同化せられて、我大日本帝国の文化とな」らんとするときであり、「余輩帝国民たる者」は「世界的統一的文化の原造者たり発揚者たる者」として奮発興起すべきだと(同前)。この文言からは、日清戦争後の時代に漲る高揚した空気感が伝わってくるかのようである。そして、その時代の渦中にあって、教団の憂慮すべき現状は、こうした取り組みに向けての責務を果たせる状況ではない。我々が教団の改革を志すのは他でもない、「我大谷派をして其積弊を掃蕩して、前途の方鍼を確定し、大谷派が当に為すべきの本務を為し」（同前）得るためであると。すなわち、我が真宗大谷派の問題は、一宗派を超えて、国家をも担うべき重要な問題であると、強調されている。古河の提言に倣って言えば、この帝国日本の仏教が、世界仏教としての地位を得るためには、まずもって真宗大谷派がその役目を担おうとする自覚に立ち、教団の旧弊を正して改革を成し遂げなくてはならないということであろう。仏教の現状に対する危機感を梃子としつつ、「世界的統一的文化」を創出せんとする帝国日本の意識に支えられた仏教者たちの、将来への楽観的とも言える高揚感が読み取れよう。

さて、古河は、一八九四（明治二七）年一二月に組織された経緯会に属しつつ、明治二八年からは雑誌『仏教』の主筆となり宗派仏教への批判を強めていった。だが、経緯会は一八九九（明治三二）年二月に解散し、古河も同年一一月、志半ばにこの世を去ってしまう。その後、古河の仏教革新への思いは、解散した経緯会のメンバーの境野黄洋《さかいのこうよう》（一八七一～一九三三）、田中治六《たなかちろく》（一八六九～?）たちに受け継がれていくことになる。そして一九〇〇（明治三三）年三月、東京に在住していた境野と田中たちは、高島米峰《たかしまべいほう》（一八七五～一九四九）らと仏教清徒同志会を結成し、『新仏教』を機関誌として、仏教改革運動を展開していくのである。この仏教清徒同志会による仏教改革運動については、後述したい。

一方、白川党の教団改革運動も、宗門内に混乱を招いたとの理由で、清沢満之・稲葉昌丸《いなばまさまる》（一八六五～一九四四）・今川覚神《いまがわかくしん》（一八六〇～一九三六）・井上豊忠《いのうえぶんちゅう》（一八六三～一九二三）・清川円誠《きよかわえんじょう》（一八六三～一九四七）・月見覚了（一八六四〜一九二八）等、革新運動首唱者たちは除名処分（僧籍剥奪）を受けることになった。その改革運動は、一定の成果を生みつつも、明治三〇年の終わりには実質的な運動の挫折に至ったのである。

三　日清戦争前後期の精神的状況——島地大等「明治宗教史」を手がかりに

以上のような日清戦争前後の世紀転換期の精神的状況や仏教改革の動向については、それから約二〇年が経過した大正一〇年、浄土真宗本願寺派僧侶で東京帝国大学講師であった島地大等（一八七五〜一九二七）が、「明治宗教史」（『解放』大正一〇年一〇月）という歴史論文で考察を加えている。この論文で島地が下した仏教を含む諸思想や仏教改革の動きに対する評価は、彼自身が生きた青年期の只中での実感に基づく考察であり、説得力がある。そこで、この島地の「明治宗教史」の叙述を通して、当該期の精神的状況、及び仏教とその改革運動の在り様について確かめておきたい。

島地は、明治二〇年代までの精神的風潮について、

> 実に、全体に於て、帝国主義、日本主義的気分に導かれ、仏教も多方面に活躍したるは事実である。爾に、一般世相に於て、余りに強度の帝国主義的軍国主義高潮は、一面に於て、個人の欲求を無視し、国家の為には、自我個性の蹂躙を敢行して顧みざるかの傾向を、示すものがあつた。かゝる態度は、決して、自我を救ふ所以でもなく、個性を満足せしむべき所以でもない。当然、此に、その反動思想が、興るべきである。（吉田、一九六九）

と、帝国主義軍事主義に傾倒した時勢ゆえに個人の自我個性が蹂躙され、反動思想が興るような状況であったと、自らの見解を示している。さらに時代の課題に応えられなかった教育や諸思想のあり方について、次のように批判を加えている。すなわち、教育勅語を暗唱し帝国万歳を唯一の御題目として児童に口授する教育家は「飢へたる軍人に過ぎ」ず、また哲学を講じ、倫理を論ずる者も「欧米文献の翻訳に忠なるのみ」であり、儒教も衰え、神道は無能で、キリスト教、仏教にしても「自覚が足らず、覚醒が浅」く、「伝統や排外やの桎梏から、離るゝことが出来」ず、「時代の落伍者たるを免かれな」かったと（同前）。そして、キリスト教や仏教の改革の動きについても、

基督教にせよ、仏教にせよ、それ〴〵の教宗に属する青年一派が、宗派の内より、或は外より、盛に革新を起したものであるが、その極それ〴〵の宗派から、破門されたものも少くなかつた。この革新運動も、青年の破門も、世道人心を救ふ上に、何の効果もなかつたことは、曰ふまでもない。（同前）

と、非常に厳しい評価を下したのだった。このように「個人の欲求を無視し、国家の為には、自我個性の蹂躙を敢行して顧みざるかの傾向」の時代思潮においては、人は自我の救いも個性の満足も得られなかったと島地は述べ、さらに時代思潮の象徴的な出来事として第一高等学校生徒の藤村操が日光華厳の滝から投身自殺したことに言及している。

当時、一青年が、日光山の一巌頭に立ちて、身を投ぜし事迹は、誠に能く、這裏の機微を象徴するものである。自個を凝視し、人生を諦観し、顧みて、当時の世相を観じたならば、何人であつても、茲に、一種の消極観に入らざるを得ない。この、深刻なる時代の悩みは、たしかに、当時の人心に、強度の力を以て、覚醒されつゝあつた。かゝる時代人の苦悩と、悲哀とを救はむが為には、当時の何人が、何を

為したかを、顧みねばならぬ。（同前）

明治二〇年代、仏教者たちは危機感を共有しながら、襟を正し、仏教や教団の改革へと奔走したのである。だが、先述したように、島地の見立てによれば、仏教もキリスト教もその時代を生きた人びとの苦悩や煩悶の救済にとって有効な力となるべく、充分に寄り添えていたのかと言えば、決してそうではなかったということなのである。この重大な危機において、島地が宗教者や仏教者が果たすべき責務として期待したのは、当然ながら、そうした時代に苦悩し煩悶する人びとの救済であった。

人びとが救済を求めて煩悶するこのような重大な危機的状況において、仏教界から現われた二つの新信仰として島地が挙げたのは、精神主義と日蓮主義であった。精神主義については、後述する。ここでは、後者について簡単に触れておく。当該期の日蓮主義者として有名なのは、高山樗牛《たかやまちょぎゅう》（一八七一～一九〇二）である。二〇代から結核を患っていた樗牛は、明治三四年九月末に日蓮主義者の田中智學《たなかちがく》（一八六一～一九三九）からその著書『宗門之維新』を寄贈されたことをきっかけに日蓮に傾倒していく。樗牛は、田中の著書から日蓮の存在を自己にひきあてて学びとり、余命少ない自己の実存的な人間存立の証として受けとめ、日蓮をあくまで自律的宗教者、超越的信仰者として理解したのだった。

四　煩悶の時代――藤村操の自死と『精神界』

一九〇三年（明治三六）五月二二日、第一高等学校哲学科一年級生徒の藤村操が、日光華厳の滝から投身自殺した。彼は、滝上の樹木の幹に、悠々たる哉天壌、遼々たる哉古今、五尺の小躯を以て此大をはからむとす。（中略）万有の真相は唯一言にて悉す、曰く、「不可解」、我この恨を懐いて煩悶終に死を決するに至る。既に巌頭に立つに及んで、胸中何等の不安あるなし。始めて知る大なる悲観は大なる楽観に一致するを。

という「巌頭之感」の記を遺していた。哲学青年の自死は、時代社会に大きな波紋を投げかけていく。『万《よろず》朝報《ちょうほう》』の創刊者でジャーナリストの黒岩涙香《くろいわるいこう》（一八六二〜一九二〇）は、翌六月の「藤村操の死について」と題する講演で、

彼の死は恨事なれ共その実時代思想の反応である。今の世は二元的の暗き信仰破れ、思弁的の旧き哲学滅び、而して未だ一元的の光明ある信仰の大いに与らざる中間である。これを信仰上の過渡時代と称して宜しい。（中略）藤村操なる者、天下に最著名なる絶景の地に立ち、高く懐疑の標を掲げて、人間空前の異挙を敢てした。是れ実に世人に対して、真理を求むる上に、生命よりも重んずべき由々しき大事なる事を告げて、人心を警破するに足るものではありませんか。（中略）藤村君の死は心海の暗に対する暁鐘である。（中略）藤村君は時代に殉じたる者であります。彼に罪なし。時代に罪あり。（滑川、一九七〇）

と評した。「人間に快楽以上、肉欲以上、算盤以上、物質以上に大いに真面目なる問題」に煩悶し、「心霊の糧を得る事が出来ない」ままに煩悶し自死したこの哲学青年を、黒岩は、罪ある「時代に殉じたる者」として、その死を「心海の暗に対する暁鐘」と意義づけようとした（同前）。すなわち、藤村青年の自死は、いわゆる世俗的な成功を求める生き方には解のない別の人生問題が存在することを示したのであり、一国一身の独立を旗印に邁進してきた明治日本の思潮の限界を象徴する事件でもあった。当時の青年たちは「巌頭之

感」を口ずさみ闊歩し、他の青年が藤村の自死を模倣しはじめ、その後、数年間にわたり、新聞に「厭世感」による自死の記事が後を絶たなかった程に、同時代の青年たちに大きな影響を与えたのだった（E・H・キンモンス、一九九五）。そして、翌月、早速に、浩々洞同人たちが惹起した精神主義運動の機関誌『精神界』（第三巻第六号、明治三六年六月）の「報道」欄では、この事件が次のように伝えられた。

私共の胸の戸を叩き候其事は、第一高等学校学生藤村操君が、はかなく日光なる華厳の瀑下に身を投したるの一事に候。殊にその原因が、あだなる世の望のかなはぬに基けるにあらず、又此世に対する正しからぬ憤りや慨きの思によれるにもあらず、それよりも猶一層深く深く其心の底に響き来りし無声の招喚に応せるがためときいては、苟くも修道に心ある者何人か同情の思に堪ゆる者ぞ。君が滝壷のほとりなる樹上に記せる「巌頭の感」は、長へにその胸の中に流れわたれる深痛の霊感を語りつゝあるには非ずや。

藤村青年の死に衝撃を受けた編集者の浩々洞同人は「巌頭之感」を転載し、この煩悶の告白に藤村青年の「胸の中に流れわたれる深痛の霊感」を受け止めようとしたのだった。そして、藤村青年の煩悶に共感した浩々洞同人たちは、『精神界』同号に「不可解」と題する散文を掲載した。それは、

小なる人間の智識を以て、大なる宇宙の至霊を計度せんとす、終に不可解也。（中略）霊は霊によりてのみ解すべし。如来の智によりてのみ見るべし。不可解を不可解とせよ、こゝに明白に不可解の霊を認めむ。この霊を信する時、宇宙の意義既に解せられ了はんぬ、故に先聖（親鸞―筆者）は云へり、「自力を棄て他力の本願に帰せよ」と。

と、黒岩の言を借りれば「信仰上の過渡時代」に煩悶する世人に向け、自力を捨てて他力の本願に帰依し、

「不可解」な人生を「不可解」なままに生きることを説諭するものであった。実は、藤村青年の自死から約二週間後の六月六日、肺結核のために清沢満之が亡くなっている。その死の一週間前の五月三〇日、清沢は絶筆「我が信念」を書き遺している。それは、彼が到達した絶対他力信仰の「実感の極致」が告白された絶筆としても知られているが、この藤村青年の自死事件を念頭におくと、次のような彼の文章表現が注目される。

私が信ずるとは、どんなことか、なぜそんなことをするのであるか、それにはどんな効能があるか、と云ふ様な色々の点があります。（中略）此信ずると云ふことには、私の煩悶苦悩が払ひ去らるゝ効能がある。（中略）信念の確立せる幸には、たとへ暫く（中略）迷妄に陥ることあるも、亦容易く其無謀なることを反省して、此の如き（研究・考究など無用の──筆者）論議を抛擲することを得ることである。「知らざるを知らずとせよ、是れ知れるなり」とは実に人智の絶頂である。（中略）私は、此の「不可能」に衝き当りて、非常なる苦みを致しました。若し此の如き「不可能」のことの為に、どこ迄も苦まねばならぬなれば、私はとつくに自殺も遂げたでありませう。然るに、私は宗教によりて、此苦みを脱し、今に自殺の必要を感じませぬ。（『精神界』第三巻第六号、巻頭）

藤村青年の自死の衝撃が冷めやらぬ世相のなかにあって、この宗教的信念の告白を綴る清沢の念頭には、当然ながら、この事件のことが意識されていたのではなかったか。そして冒頭部分で、自らの信念を「開陳しやうと思ひます」とわざわざ断りながらするこの言説は、決して独白に閉じたものではなく、独白でありながら雑誌において広く読まれるように、同じ時代に煩悶し生きる読者や青年たちを意識したという意味で、開かれた言葉であったことが理解されるのである。以上、藤村青年の自死を巡る『精神界』の論調から、精神主義運動に携わった浩々洞同人たちの主義主張を知ることができよう。

五　『精神界』と『新仏教』

『精神界』にみる「精神主義」の特徴

さて、『精神界』発行の中心を担った浩々洞とは、先述した真宗大谷派の教団改革運動の挫折後に、清沢満之を中心に結成された共同生活の場である。すなわち、一九〇〇（明治三三）年、真宗大学の東京移設にあたり、初代学監として上京した清沢満之に伴い、彼を敬慕する暁烏敏《あけがらすはや》（一八七七～一九五四）、佐々木月《げっ》樵《しょう》（一八七五～一九二六）、多田鼎《かなえ》（一八七五～一九三七）たち一〇余名の青年たちが、同年九月、本郷森川町の清沢の宿舎に集い、「浩々洞」と命名したのだった。彼等同人たちは、そこで清沢を中心に自己修養の求道的共同生活を実践したのである。そして、彼等浩々洞同人たちを中心とし、機関誌『精神界』に彼等自身の信仰モットーを宣揚せんとした信仰運動が精神主義運動である。彼等の訴えようとした主義主張の特徴は、満を持して発刊した『精神界』創刊号から約一年間の内容から、より鮮明に読み取ることができる。そこで、この時期の『精神界』に着目し、彼等の主義主張の特徴を確認しておきたい。

まずもって、清沢と浩々洞同人により成文された一九〇一（明治三四）年一月の『精神界』創刊号巻頭の「精神主義」と題する論説には、

吾人の世に在るや、必ず一の完全なる立脚地なかるへからす。（中略）吾人は如何にして処世の完全な

る立脚地を獲得すべきや、蓋し絶対無限者によるの外ある能はさるべし。（中略）吾人は只此の如き無限者に接せされは、処世に於ける完全なる立脚地ある能はさることを云ふのみ。而して此の如き立脚地を得たる精神の発達する条路、之を名けて精神主義と云ふ。（中略）之を要するに、精神主義は、吾人の世に処するの実行主義にして、其第一義は、充分なる満足の精神内に求め得べきことを信するにあり。

との主張が掲載された。すなわち「精神主義」の基調とは、われわれが「絶対無限者」（如来）と「精神」的に「接する」ことで「処世に於ける完全なる立脚地」を獲得し、そのうえで「世に処し、事を為」そうとする「実行主義」かつ「自由主義」であるが、あくまで「自家の精神内に充足を求」めようとするものであり、「社会の不足弊害等に対して、之を満たし、之を正さんとも敢てせんのである」（「精神主義〔明治三十五年講話〕」、大谷大学、二〇〇三）とも表明する程に、内省的な信仰態度を特徴とするものであった。『精神界』第九号（明治三四年一〇月）の「社会を忘れたる宗教家」には、同様の主張が、より極端に開陳されている。

我等は苦悩の社会を忘れて、安楽の浄邦を念ふ者なり。我等は緊縛の社会を逃れて、自由の天地に入らんと欲するものなり。我等は罪の社会を忘れ、罪の国を忘れ、罪の此身すら忘れて、偏へに如来の慈光を喜ぶものなり。（中略）罪の世より云へば、吾等は元より隠遁的なり、退歩的なり。されど、光の国より云へば、我等は進取的なり、生々的なり。我等は只、苦悩に沈める、我等の身心の如来に救はるゝを楽みて、総てを忘れんと欲するものなり。（中略）要するに、我等は世を忘れたる宗教家を以て任するものなり。

と。彼等は、この「緊縛の社会を逃れて、自由の天地」たる宗教的救済の世界に没入し、「総てを忘れん」

ことを究極的に求めようとしたのであった。まさに、このような主張ゆえに、彼等の信仰モットーたる「精神主義」の特徴とは、社会問題よりも自己の精神のあり様を重視するものとして、単純化して理解される可能性を孕んでいたのである。

浩々洞同人たちは、時代社会に煩悶する人びとへ、「自由の天地」たる宗教的救済の世界に逃れることによる慰安を説諭したのであり、煩悶する人びとに「緊縛の社会」から逃避し、精神上の宗教的救済の世界へと誘ったのである。その教説は、極端であればある程、彼等の主張する宗教的救済の世界の魅力を強調することを意味した。彼等は、煩悶する人びとが生きる同時代を「緊縛の社会」と否定しながら、それと反対に、宗教的救済の世界を「自由の天地」として対置して説諭したのである。つまり、彼等が主張する「精神主義」という信仰モットーとは、人びとが煩悶して生きる同時代社会が孕む諸問題の解決に向けて直接的に提言することを善しとするのではなかった。そうではなく、そのような同時代社会全体を丸ごと否定的に捉え直そうとした点に、彼等の信仰モットーの独自性が存在したのである。もちろんその宗教的救済の世界の実現は、絶対無限者たる如来の存在が大前提とされるのであった。

このように彼等の主義主張は、極端な内容を孕んでいたため、同時代の仏教者たちからは、その「精神主義」が説く宗教的救済の意義を理解されずに、多くの批判が寄せられた。特に精神主義運動に対して、対抗的に批判を主張したのが、仏教清徒同志会であった。次節では、この仏教清徒同志会の機関誌『新仏教』を手がかりに、同志会の主義主張の特徴を見ていきたい。

仏教清徒同志会による新仏教運動――『新仏教』を手がかりに

先述したように、仏教清徒同志会は、古河老川が主筆を務めた雑誌『仏教』を母体とし、古河没後に『仏教』の主筆を務めていた境野黄洋や高島米峰たちを中心に、一八九九（明治三二）年二月に結成された。彼等は、新仏教徒同志会と会の名称を変更し、一九〇〇（明治三三）年七月には機関誌『新仏教』を創刊し、仏教の改革運動を惹起したのだった。

始めに『新仏教』の論説類を手がかりに、同志会の主義主張の特徴を確認しておきたい。『新仏教』創刊号の「我徒の宣言」（第一巻一号、明治三三年七月）には、次のようにある。

人道の頽廃は、既に社会の根底に浸染し、物質的大潮は、澎湃として方に上下の間に氾濫す、況んや此の暗黒を照破して、人生に慰安を与ふべき、宗教の勢力は、年に月に愈々窘蹙せらるゝものあらんとするをや、我徒素より之が匡救に任するの才にあらすと雖、区々の志豈また黙して退くに忍びんや、是れ仏教清徒同志会の組織せられたる所以也。（中略）社会の堕落に対する根本的匡救は、単に宗教の信仰によりて、人心の内面より強固なる改善を促すの外、更に他の途あることなしと確信するものなり。（中略）これ我徒が、社会改善の根本的方法として、特に健全なる信仰と、健全なる智識との合同一致を期し、清新なる道義の営構を其上に築かんと庶幾する所以なり。

と。そして、同志会は、従来の仏教のあり方を「旧仏教」と呼び、「習慣的旧仏教」「形式的旧仏教」「迷信的旧仏教」「厭世的旧仏教」「空想的旧仏教」などと批判し、こうした「旧仏教」を改革するために、「仏教の健全なる信仰を根本義とす。」「健全なる信仰、智識、及道義を振作普及して、社会の根本的改善を力む。」

「仏教及ひ其の他宗教の自由討究を主張す。」「一切迷信の勦絶を期す。」「従来の宗教的制度、及儀式を保持するの必要を認めず。」「総べて政治上の保護干渉を斥く。」という六カ条の「綱領」を掲げた。

つまり、同志会は、「旧仏教」の改革により「新信仰」たる「新仏教」の建設者、鼓吹者となって、「社会の根本的改善を力」めようというのである。こうした主張は、当時のキリスト教に対して儀礼の否定や教義の合理化を活動の理念として活動していたユニテリアンの動きとも結びつきながら、旧来の仏教を啓蒙しようとするものでもあった。同志会は、『新仏教』に、廃娼《はいしょう》運動、禁酒禁煙運動、風俗改良運動、動物虐待防止運動などを積極的に推進する論説を発表し、また明治三〇年代初めに仏教界で起こった仏教公認教運動に対しても批判的であった。

さて、一方の浩々洞同人は、「我等は苦悩の社会を忘れて、安楽の浄邦を念ふ者なり。」と主張するのであるから、両者の仏教信仰の役割についての理解には大きな差異があった。要するに、両者の異なる特徴として、同志会は、社会改善に果たす仏教の役割を重視したのに対し、浩々洞同人は、個人の精神的救済に果たす仏教の役割を重視したという点が理解されよう。また、少し時代は下るが、境野黄洋は、「宗教の近世的着色」(『新仏教』第一〇巻八号、明治四二年八月)のなかで、近頃の世の中における驚くべき程の文明の進歩が宗教にも「近世的彩色」を施すようになっているとし、「昔の宗教」との対比を一五カ条に亘り解説をしている。例えば、その第三条として、次のように述べられている。

第三ヶ条として余は直覚的と、推究的といふことを対照せしめたいのである。従来の宗教は重もに直覚的であつたが、近世的の着色として推究的といふことが必要になつて来たのである。(中略)智慧或は智識といふものに、二つの区別がある(中略)一つは――仮りに言葉を設けて言へば、表面の力、現象世界に向つて作用らく識別の精神作用と、も一つは裏面の宇宙の大霊と交感し、天地の実在と契合する精神作用とで、共に之を智恵或は智識と普通呼んで居るけれども、実は其の性質は頗る同一でないのである。即ち表面的智恵は、推究的のもので、所謂普通に言ふ智識であるが、裏面的智恵は宇宙の大霊と——感情、欲望、物質の纒縛から脱離した時に、洞然として冥契すると考へられて居るもので、これは全然推究的のものではない、洞然など、いふ言草は即ち直感直覚の意味を形容したのである。(中略)近世文明は智識的文明である、推究力の最も発揮せられた文明である。

と。境野は、今の時代の宗教は、前時代のように「直覚的」宗教であってはならず、「推究的」宗教であるべきだと主張している。「推究的」宗教とは、現象世界を認識する智識に基づく宗教であり、一方の境野が批判する「直覚的」宗教とは、「宇宙の大霊と——感情、欲望、物質の纒縛から脱離した時に、洞然として冥契すると考へられて居る」ような「裏面的智恵」に基づく宗教なのである。境野は、すでに「羸弱《るいじゃく》思想の流行」(『新仏教』第三巻二号、明治三五年二月)で、「宗教の本質起原の心理的説明は、智にあらず、情にあらず、直覚にありと(精神主義一派の一種の説)。」として、「精神主義」を「幽妙を装うて解釈を避け、深玄を衒うて理性を排去せん」とする「直覚」に基づく宗教として断じていたから、境野が批判した「直覚的」宗教として念頭にあったのは、当然、浩々洞同人たちが唱えた「精神主義」であった。

ところで、藤村青年の「巌頭之感」の告白に「胸の中に流れわたれる深痛の霊感」を感受した浩々洞同人が重視したのは、いわば霊的次元における人間の救済であった。すなわち彼等が主張したのは、いわばスピリチュアリティ(霊性)の次元における人間救済へのアプローチを重視する宗教のあり方であったと言えよう。だが、当然ながら、この霊性的次元における救済を求める宗教は、境野たちからすれば、「健全なる宗教」とは理解されなかっただろうし、また「習慣的旧仏教」「形式的旧仏教」「迷信的旧仏教」「厭世的旧仏教」「空想的旧仏教」と、批判される旧仏教のいずれの範疇にも入らない別次元の宗教であっただろう。境野が、「彼等の直覚の詳密なる説明に接せざる限りは、吾等は唯感情派の命名を忌みて、曖昧の標目を択びたるものに他ならず」（「羸弱思想の流行」）と述べていたように、境野には「直覚」の意味は理解されず、「感情」に近いものに過ぎなかった。

それゆえ境野は、「精神主義」のそうした特徴を有する救済のあり方について、「宗教の感情的信受を主張するもの」であり、「国民思想の羸弱に陥りしことを証するもの」と批判したのである（「羸弱思想の流行」）。境野は、煩悶青年の霊性的次元における救済を説く「精神主義」に対して、「羸弱思想」だと断じて排したのだった。当然ながら、同志会が目指す「健全なる信仰」「常識的宗教」とは相いれない宗教であったからである。むろん「常識的宗教」は、「病的精神の人に適合すること能はず」（同前）なのであった。境野は、「死の恐るべきを知り」、「畏怖憂慮の苦悶」のために「精神を一種の変態」に傾けさせられた状態での「宗教的要求は、寧ろ常識的要求にあらずして、変態的要求、即ち病的要求なり。」（同前）とすら指摘している。すなわち、境野によれば、「宗教は決して精神の変態を来し、病的傾向に生じたる時のみの慰安者にはあらずして、更に健全なる精神が、光明に充たされ、希望を仰ぎて活動せんとする時に当り、活ける指導者たるべきものなり。我徒の主張する宗教は病人宗教にあらずして、唯常人の宗教なり。（中略）宗教は羸弱宗たるべからず、（中略）沈潜は「引込み思案」にして、此の安心の上に成立せる宗教は「アキラメ主義」となる。」（同前）と。そのような「旧仏教」こそが、「精神主義（一名内観主義）の類」（同前）なのであった。繰り返して言えば、同志会が唱える「常識的宗教」は、「精神主義」に対して批判的であった。

では、『新仏教』は、藤村青年の自死をどのように受止めたのであろうか。『新仏教』第四巻第七号（明治三六年七月）には、彼の自死に関する論説として、和田覚二「人生と信仰（藤村操の死について語を世上青春の人に寄す）」、蟹江義丸《かにえよしまる》「藤村操の死に就て」、田中治六「来生の要求（下）」が掲載されている。

和田覚二「人生と信仰」には、

> 諸君（青春の人―筆者）の年齢は今や人間最も能く失敗すべき危期に属す。（中略）自暴自棄の極、精神病を発して復反らざるが如きも此秋に於てす。一知半解にして太早計にも、哲理斯の如きのみ、宗教斯の如きのみ、人生斯の如きのみと速断し、（中略）酷だしきに至つては、人生の不可解を詠じ、有為の身命を泡沫に帰し、厭世の極地を演じて顧みず、真に悲しからずや。（中略）強ひて造作して生を滅し死に就くの煩をなさんよりは、寧ろ力戦苦闘するも、生命の矢の続かん限り、人生の意義を闡明享受するの自然なるを識れり。

とあり、藤村青年の自死を「厭世の極地を演じ」たものと理解し、死ぬよりも、「生命の矢の続かん限り」、生きるよう励ます言辞となっている。なかでも、哲学者の蟹江義丸（一八九二〜一九〇四）「藤村操の死に就て」には、宗教研究会での講話の大意が紹介されている。

> 元来自殺者には、同情心の欠けて居るのが多い。（中略）家庭の楽、交際を広くすること等も、尤も肝要のことで、孤立的や沈黙主義はよろしくない。夫から又健全なる宗教的思想の修養、普及と云ふことも必要である。（中略）自殺するものは、意志が強固であると云ふ者がありますが、夫は間違ひである。厭世的不平の感情に打勝つことが出来ぬので、死ぬと云ふことになるのであるから、矢張り意志の薄弱な方である。

長く結核を患っていた蟹江であったが、この文章を書いた翌年、若くして病死している。彼は、自殺は意志の薄弱な者がすることであり、「厭世的不平の感情」に打勝つことが出来ないのだと批判的であり、決して、藤村青年の煩悶に共感するような言辞は見られない。そして、『新仏教』同号巻頭には、直接的に藤村青年の自死について言及しているわけではないが、境野の「罪悪と我等の信仰」という論説が掲載されている。その最終段落には、

我等には欠陥弱点が多い、然し此の欠陥弱点は、我等が暗黒の世に彼方より一道の光明を導き入るゝ覗き口である。（中略）宗教的信仰は、必ずしも多苦観、罪悪感の上にのみ成立するものではない。宗教の根拠は、もつと深い心の奥底に、其の礎が据ゑられてあるのである。宗教的要求は、決して不幸、不平、不快、不満、不如意の消極的の方面から来るものばかりではなく、寧ろ、積極的に、我等の望となり、力となり、人性の総べてが要求する生活の統一であるのであります。

と、あくまで「精神主義」が唱える「消極的」な「宗教的要求」の特徴を挙げて批判している。いずれの論説も、『精神界』の論説と比べて、藤村青年の煩悶に共感し、寄り添う姿勢ではなく、むしろ自死する者の厭世感や精神的弱さを指摘し、読者に対して、人生を力強く生き切るよう励ます内容となっている。また、この藤村青年の自死から約一年後、高島米峰は、煩悶の自死を遂げた藤村青年について、「不体裁を演」じたものと冷たく突き放した。

▲今の青年は、煩悶すといふ。而して煩悶の状態より免るゝの方法として、世に称へらるゝところのもの約三種あり。煩悶に降参すること、これ一。（中略）煩悶と戦つてこれに打勝つこと、これ三。彼藤村操一輩の徒は、第一の方法を執り、（中略）我徒新仏教徒は、第三の方法を執る。

▲煩悶といふことを、知るにだも至らざる階級のものならば即ち已む。苟も一たび人生問題のために、一苦労して見むとまでに進みたるものが、少し位の難問にヘコタレて、人生不可解など、自暴自棄し、煩悶の前に白旗を樹て、若くは煩悶に堪へずとなして自ら死に赴くか如き、不体裁を演ずるとは、そも何等の薄志弱行ぞ。（「奮闘語」『新仏教』第五巻第八号、明治三七年八月）

藤村青年の自死を模倣して自死する青年が後を絶たない世の中において、高島は、そうした青年に向けて激励しようと考えたのだろうか。それにしても、藤村青年の自死をめぐる理解には、仏教清徒同志会と浩々洞同人には、交わることのない大きな溝が存在したと言うべきだろう。

日露戦争と『精神界』と『新仏教』

次に、日露戦争をめぐって書かれた『精神界』『新仏教』双方の論説類に、戦争という近代国家の非常事態において主張されたそれぞれの論調の特徴について考察したい。まずは、『精神界』である。日露戦争開戦翌月の明治三七年三月、『精神界』（第四巻第三号）の巻頭に「戦争が与うる教訓」という論説が掲載された。浩々洞同人に特徴的な戦争観が如実に表われているので、引用しておく。

我等は宇宙をは如来の監督の下にある修養の道場と信する者也。我等は人生をは如来の指導の下にある向上の一路と信する者也。（中略）我等は、我か露国との戦端を以て唯事とは思惟せさる也、人為とは信せざる也。（中略）戦争も亦不可思議の霊用と信せさるを得さる也。（中略）要するに我等は今回の戦争に依りて心霊上の所得少からざる也。死の問題を深く感し、罪の自覚を深め、無我の行為を鼓吹せられたり。（中略）我等この指導によりて大なる霊覚を得たること感謝に堪えず。

戦争とは、「如来か我等の油断を誡め給ふ警覚」であり、これにより、「死の問題を深く感し、罪の自覚を深め、無我の行為を鼓吹せられ」るのであり、少なからず「心霊上の所得」があるというのである（同前）。まさに、如来が与えた戦争という教訓を積極的に解釈して見せるのである。「兵は元より兇器に候。されど已に戦は始まれり、我等はたゞかの憐れなる犠牲者の為めに涙を注き、遺族のために安慰を与ふるに勉めんかな。」（「報道」欄「東京たより」『精神界』第四巻第五号、明治三七年五月）という言説が、浩々洞同人の基本的立場を物語っていよう。

一方、『新仏教』（「戦争と今の仏教家」第五巻第三号、明治三七年三月）では、境野が、このような宗教と戦争の関係論を評して、仏教者が開戦前から「さらけ出して」いた「愚なる戦争論」だと、次のように難じている。

> 仏教と戦争説とは斯く解釈さるべきものだのと、つまらぬ評定に紙を埋め、此の戦争が何か天来の福音でゞもあるかの様に騒ぎたてゝ居る。（中略）宗教の教義が戦争論と一致するといふ様な言はゞ宗教の弁護的説明は、少しも宗教の価値を増す所以のものでもなく、またかゝる下らぬ議論にかれこれ言ふのが、強ち宗教家の名誉でもあるまい。（中略）宗教家までが、浮いて、騒いで、酔ひて、跳つて、それで果してどうするといふのであらう。

と。とはいえ、境野自身も、「戦争は喜ばしいものでは素よりない、避け得らるゝものならば何処までも避けたいものである。然し今日の国家的関係では、避け得られぬ場合がある。かゝる戦争は已むを得ざる戦争であつて、強ちに悪いと言ふことは出来ない、（中略）国家も自己の存立のためには戦はねばならぬのである。」（「余が戦争説」『新仏教』第五巻第四号、明治三七年四月）と、葛藤する心の内を吐露している。そして、

「国家といふものが社会進化の必然の結果として出来たもので、そこに国家と箇人との関係が生じたものとするならば、即ち国家など丶いふものは、無意義の一幻影に過ぎぬといふ風に見做さぬ限りは箇人の気の毒も万々忍ばねばならぬものであるのであらう。」（同前）と、境野は、国家と個人の関係についても言及し、国家が存在する以上は、個人は戦争について耐え忍ばねばならないというのである。

『新仏教』誌の編集を担当した田中治六もまた、社会進化論に準えながら、「進化は宇宙の大則にして、人生と雖も之を脱するを得べからず。戦争は進化の一大環を成す者なり。（中略）戦争は理想実現の一大武器にして、進化の一大環を成す所以のものなり。」（「戦か非戦か」『新仏教』第五巻第二号、明治三七年二月）と、「敢て非戦論を排して戦争説をな」したのであった（同前）。他方、『精神界』にも「戦時にありては戦時に処し、平時にありては平時に処し、勝者としては勝に処し、敗者としては敗に処し、所謂随所主となる。これ我等の信仰に基ける生活とす。」（「超戦争観」『精神界』第四巻第一一号、明治三七年一一月）と、達観した戦争論が主張された。例外的に「戦争を奨励する宗教家は、到る処にあり。戦勝の祈禱は、人類を相手にする宗教のやることゝしては実に矛盾の甚しきものなり。」（獏象「煩悶録」『新仏教』第五巻第六号）という反戦論も掲載されつつも、概ね、こうした達観した教説が、彼等仏教者たちの戦争容認論の特徴であった。つまり『精神界』『新仏教』の双方に発表された戦争論は、明確に非戦を唱えるものではなかった。つまりは、国家が存在する限りは、国家に付き従うしかなく、そして、国家が開戦した以上は戦争に教訓を得るべきであるというのが、彼らの戦争論であり、諸手を挙げての肯定論ではなかったが、止むを得ず、非戦を唱えることもしなかったのである。

国民国家間の戦争が近代という時代の象徴的な事件であったとすれば、果たして、彼等はその国家の戦争状態という近代と真正面に対峙し、格闘したと言えるだろうか。浩々洞同人も新仏教徒同志会も両者ともに、非戦論を理想としつつも脇に置きながら、現実主義的な立場から戦争を否定することはできなかったのである。

六　日露戦争後の社会と宗教——三教会同をめぐって

先述したように、同志会は、明治三〇年代の仏教公認教運動や宗教法案制定の動きに反対の声を上げたが、その他にも、真宗大谷派や同派僧侶で求道運動を展開した近角常観（一八七〇〜一九四一）や宗教学者の東京帝国大学教授であった姉崎正治《あねざきまさはる》（一八七三〜一九四九）などもそうした動きには批判的であった。姉崎は、重版され、『精神界』『新仏教』でも書評されたその著書『復活の曙光』（明治三七年）で、

今の世に、国教だとか公認教だとか云て、教会を国家の奴隷となし、天国の鍵、済度の法輪を地上の国家、利害競争の国家に托しようとする者があるが、彼等は宗教家の天分を自らで棄てた吾が身知らずの不埒者、否宗教の大敵である。（「宗教と人生」）

と、宗教者に対して厳しく批判をしている。だが、こうした批判があったにも拘わらず、仏教界の大勢は、国家による仏教擁護を求める動きを強めていったのだった。例えば、「雑居準備護法大同団」（明治三一年結成）が掲げた「皇室尊崇」「護国顕正」「外教防禦」を内容とする「綱要」に見るように、仏教界の大勢は国家主義的な路線を進み続けたのだった。

翻って、日露戦争後の社会は、一九〇七（明治四〇）年の戦後恐慌と不況に伴う労働運動や農村における

小作争議の増加など、諸種の社会問題が増大していた。その前年には日本社会党が結成されており、社会主義運動は政治運動に進む動きを強めていた。政府はこうした日露戦争後の多発する社会問題と反体制的な風潮に対応するために、一九〇八（明治四一）年に戊申詔書を発布し、勤倹節約と皇室尊重を国民に求めた。しかし、一九一〇（明治四三）年六月には、幸徳秋水等のいわゆる大逆事件が起こり、政府を震撼させた。『精神界』（第一一巻第二号、明治四四年二月）「報道」欄には、暁烏敏が、この大逆事件について「聖恩をないものにするが如き心緒のあるに思ひ至りて、身ぶるひもいたし候。（中略）私共は、奮起して、民心を感恩の方向に傾けしむることに勉めざるべからずと存候。」と、仏教者には、天皇の恩に感謝する忠良の臣民となるよう勉める責任があるとまで述べている。

さて、この事件を機に社会主義運動への弾圧を強めた政府は、一九一二（明治四五）年二月には、内務次官床次竹二郎《とこなみたけじろう》の提案で、仏教、キリスト教、教派神道それぞれの代表者を東京・華族会館に集め、「三教会同」を開催したのだった。この「三教会同」では、各宗教は、皇運扶翼、国民道徳の振興を図ることを期し、また政府当局者に対しては、宗教を尊重し、国運伸張に役立てるよう望むという趣旨の決議がなされた。それは、政府が、宗教を利用して、国民の思想善導のために動員をしようとするための会合であり、各教団もまた、進んで政府の要請に応えていこうとしたのである。こうして仏教界は、その国家主義的色合いをより鮮明にしていったのである。

近代と格闘した仏教者たちは、確かに存在した。彼らのメッセージは、機関誌などを通じて、様々な形で時代社会に発せられていったのである。そうしたメッセージと仏教者としての生き様は、同時代を生きた人びとの煩悶や社会の諸問題の解決に希望を与えたであろう。だが、彼等にとって、明治以降の近代という時代は、格闘しつつも超越を志向するものではなかった。同時代を生きる人びとの煩悶と彼等が直面した社会問題に対峙しつつも、そうした近代の国家社会に適った仏教を創出しようとしたと見るべきであろう。現実の国家社会の枠内で、いかに仏教は機能し得るのか、あるいは、機能させ得るのか。そのための格闘が世俗化した近代という時代における仏教者の使命であった。それゆえに、彼等には、国家がその意思として遂行する戦争に対しては抗することは出来ようはずはなく、結局のところ、国家を超えることは出来なかったと言えば、それは酷過ぎるだろうか。

七　おわりに

以上、浩々洞同人の精神主義運動と、新仏教徒同志会の新仏教運動を中心に、明治後期の仏教史を通観してきた。いずれも同時代に見合った新しい仏教のあり方を模索した信仰運動であったと言える。概して、その特徴は、前者は内省的で信心重視で、後者は社会問題の解決に積極的であった。確かに、「精神主義」は、『新仏教』誌上で「羸弱思想」「アキラメ主義」といった批判を受けるなかで、自らの立場を鮮明にしていく必要に迫られた側面があっただろう。現実的には、「世を処す実行主義」であるとの主張も、『精神界』の論説を切り取って読めば、要するに内省主義的に精神を整えて、様々な社会問題が山積する現実からの逃避的生活と解釈できるものであった。だが、こうした二項対立的な見方だけでは、例えば、「精神主義」の主張内容に内包されていた多様性を見逃してしまうだろう。

『精神界』第二号（明治三四年二月）巻頭の「万物一体」という論説では、以下のように主張されている。

万物一体の真理は、（中略）要するに、宇宙間に存在する千万無量の物体が、決して各個別々に独立自存するものにあらずして、互に相依り相待ちて、一組織体を成ずるものなることを表示するものなり。（中略）万物一体の真理は、吾人が之を覚知せざる間も、常に吾人の上に活動しつゝあるなり。（中略）吾人は空気なくして生存する能はざるなり、日光なくして生存する能はざるなり、山川や草木や鳥獣や他人やに至りては、其関係空気や日光やの如く近切ならずと雖ども、（中略）其吾人の生存と離れざること弁を待たざるなり、（中略）天地間如何なるものに就て見るも、或一物よりして之をいへば、其他の万物は皆此一物に属するものたるなり、

つまるところ、仏教における縁起の思想を、「万物一体」という概念で表現していることがわかる。人間のみならず生きとし生けるものやそれを取り巻く宇宙・環境のすべてが、相互に有機的に関係し合いながら存在していると。それが、無意識であっても我々の上に働き続けている「万物一体」という真理だと。こうした論説に呼応してか、『精神界』第七号（明治三四年七月）には、農業を生業とする読者と思しき仁科幽谿《にしなゆうけい》という人の「農業の人、宗教の人」という文章が掲載されている。そこには、

我等、共に此自然の楽園に入りて、我等の手腕を振ふは可ならずや。清風吹き満つる樹蔭の下、世のあだなる栄華を忘れて、寧ろ愚を此自然の浄土に養ふも亦可ならずや。自然は我をして宗教の人たらしめ、生産の人たらしむ。（中略）菜を植え、苗を移すについて、我等の心中に尊き信念を植えたまふ仏の大悲を感じ、諸種の植物が、同一の雨露水土によりて、各自の生長を遂ぐるを見て、互に異れる一切の衆生をして、各相応せる福楽を感受せしむる平等の仏光を思ひ、時に風雨の災あるも、田圃の植物が、我等の保護によりて、美はしく成長するを見て、自己の信念が、仏の護りたまふ以上は、決して他物他人

により て傷害せらるゝことなく、常に静に、常に固く、泰然不動の観念に住するを得るを了解す。（中略）我れ農業によりて宗教の極致をさとり、宗教によりて農事の根基を了するを得、と、農業を通じて、いわば大自然の摂理に宗教の極致を実感するとの趣旨が述べられている。

「予は、宗教の学校に入る必要と、経論の極緻を研究する時間とを有してをらぬ。（中略）たゞ自然の訓育に押し揉まれて往けば宜いのであらうと思ふて居る。」（「余の奉ずる宗教」『精神界』一〇号、明治三四年一〇月）とも述べる仁科は、実感と確信をもって「万物一体」の世界を、自らの生業に見出していたのではないだろうか。

思えば、浩々洞同人と同志会の「精神主義」をめぐる議論は、専門的な仏教者にのみ理解可能な抽象的な議論に終始してしまっていた感が否めない。従来の仏教史研究においても、そうした印象が定着してしまっている。だが、『精神界』に説かれた信仰世界を、日々の生業のなかで感応して生きた仁科のような読者もまた存在したのである。彼のような人を、果たして、信心重視で内省的か、社会問題重視で行動的かといった二項対立的な類型のなかに閉じ込めることができるだろうか。彼のように仏教信仰に促され、特別ではない信仰生活を送るというライフスタイルの可能性を「精神主義」に読み取った読者もいたし、精神主義運動には、そうした読者を生み出す可能性もまた存在したのではないだろうか。

参考文献

池田英俊他編（二〇〇〇）『現代日本と仏教』平凡社
大谷栄一他編（二〇一六）『近代仏教スタディーズ』法藏館

大谷大学編（二〇〇三）『清沢満之全集　第六巻』岩波書店
柏原祐泉（一九九〇）『日本仏教史　近代』吉川弘文館
慶應義塾（一九六九）『福沢諭吉全集　第一五巻』岩波書店
末木文美士（二〇〇四）『近代日本と仏教』トランスビュー
中西直樹（二〇一八）『新仏教とは何であったか』法藏館
滑川豊水編著（一九七〇）『ああ少年天才哲学者藤村操君の自殺』鈴木印刷
福島栄寿（二〇〇三）『思想史としての「精神主義」』法藏館
森龍吉編（一九七七）『真宗史料集成　第一三巻』同朋舎
吉田久一編（一九六九）『明治宗教文学集（一）』筑摩書房
Ｅ・Ｈ・キンモンス（一九九五）『立身出世の社会史』玉川大学出版部

コラム② 教誨師

繁田真爾

一 教誨師とは

近年、「教誨師」と呼ばれる人々に光が当てられている。「教誨」とは、もとは「教えさとし戒める」という意味の仏教用語。そして教誨師とは、刑務所や拘置所など、刑事施設に勤める宗教者たちのこと。つまり、刑事施設の収容者たちに宗教を説き、彼らの更生を促したり手助けしたりすることが、教誨師の役割というわけだ。戦前の教誨師は国家公務員だったが、今日ではボランティアとして活動している。

二〇二〇年一月現在、全国の刑事施設で活動している教誨師たちは一八二〇名ほど。そのうち六五%を仏教系教団の教誨師が占めている。ついでキリスト教系の一四%、神道系の一二%となっている（全国教誨師連盟HP）。その人数が決して多くないこと、また教誨の現場が社会から隔離された刑事施設という事情もあって、これまで教誨師の存在が意識される機会はほとんどなかった。

ところが、堀川惠子『教誨師』（講談社、二〇一四）が刊行されたころから、にわかに関心が高まってきた。全国教誨師連盟の理事長を務め、死刑囚の教誨に長年たずさわった渡邉普相《わたなべふそう》の人知れぬ懊悩を活写した堀川の作品が、教誨師という存在を広く社会に認知させた役割は大きい。最近では、大杉漣最後の主演作となった映画『教誨師』（二〇一八）も話題を呼んだ。

一方で、教誨師たちの近現代史を全体として明らかにした研究は、今のところ存在していない。社会事業史や歴史研究で個別の教誨師、あるいは特定の時期を対象にした研究はいくつかある。しかしそれらが「近代日本の監獄（刑務）教誨史」としてどのような全体像を結ぶか明らかではなく、研究はまだ始まったばかりである。

二　監獄教誨のはじまり

「監獄」制度が近代日本でひと通りの形式を整えたのは、明治一〇年代のことである。そして監獄教誨が制度的にスタートしたのも、同じ時期の一八八一（明治一四）年であった。法文上（監獄則）で初めて、獄中の収容者に対して「教誨」を行なうことが義務として明記されたのである。「教誨師」という呼称が初めて公式に定められたのも、同じ一八八一年のことであった。

明治一〇年代後半から本格的に始まる初期の教誨事業をリードしたのは、キリスト教の教誨師たちであった。なかでも、北海道の監獄で活躍した原胤昭《はらたねあき》や留岡幸助《とめおかこうすけ》たちの活動がよく知られている。

そのころ欧米列強との「条約改正」を最大の外交課題としていた明治政府も、文明国にふさわしい監獄制度の整備を急ぎ、キリスト教徒たちの活動を強力に後押しした。一方で、キリスト教教誨師たちの活動は、劣悪な監獄環境の改善をめざした、いわゆる「監獄改良」という性格が強かった。やがて明治後期から顕著になる囚徒たちの「主体の矯正」という契機は、まだ希薄であった。

三　明治後期における変容

しかしその後、大きな転機が訪れる。一八九二（明治二五）年を境に、浄土真宗が次第に監獄教誨事業の大半を独占するようになったのである。一八九四年には、浄土真宗（本願寺派・大谷派）の教誨師数が全体の約八五％を占めるにいたった（一九〇六年には約九三％に）。

その背景には、いわゆる欧化主義政策の反動として興ってきた明治二〇年代のナショナリズム、さらにその機運に乗じて失地回復をめざした仏教勢力によって引き起こされた、仏教とキリスト教の対立などがあった。両教の対立はやがて、有名な巣鴨監獄教誨師事件（一八九八年）でその極点に達し、留岡幸助を罷免に追い込むことに成功した仏教勢力の優位が、決定的となったのである。

一八九二年が監獄教誨の歴史における重要な転機となったことを示す、象徴的な二つの出来事がある。一つは、同年四月に、仏教教誨師たちが宗派をこえて東京築地本願寺に集まり、監獄教誨の「目的」や「方法」を話し合った、初めての本格的な「監獄教誨師会同」が開催されたこと。もう一つが、囚徒たちに読ませるための教誨を活字化した雑誌『監獄教誨』（全一〇編）が、同年七月に創刊されたことである。

会同の開催も雑誌刊行も、中心となってリードしたのは浄土真宗であった。そしていずれにおいても教誨師たちは、先述の一八八一年監獄則に掲げられた、「悔過遷《かいかせん》善《ぜん》」という理念について繰り返し語っている。つまり囚徒たちに罪過を悔い改めさせ、彼らを善き人間に生まれ変わらせることが、教誨師のめざす最大の使命とされたのである。この悔過遷善は、その後も監獄教誨の基本原理として、教誨師たちの変わらぬ理念でありつづけた。

四　苦悩する教誨師たち

しかし、近代日本における監獄教誨の基本線が形づくられた同じ明治後期において、すでに監獄教誨という実践そのものの限界を指摘したり、批判したりした教誨師たちが一部で存在した事実も、重要である。

そのような一人に、真宗大谷派の藤岡了空《ふじおかりょうくう》（一八四八〜一九二四）がいる。藤岡は猛烈な教誨ぶりから「監獄狂」とあだ名されたり、教誨の理論化を独自に試みた『監獄教誨学提要草案』（一八九二）を著すなど、同派教誨師のトップランナーとして活躍した。しかし寝食を忘れて教誨や著作に打ち込んだあげく、激務がたたって肺結核に倒れた藤岡は、やがて教誨を理想どおりに達成することは不可能ではないかという気づきへといたる。その後長期におよんだ療養生活では、「自ら治むる」道の大切さを説いた。囚徒をはじめとする他者をどのように治めるかについて、再び語ることはなかったのである。

一九一一年、大逆事件に連座した幸徳秋水ら一一名の死刑執行に立ち会った、東京監獄教誨師の沼波政憲《ぬなみせいけん》（一八七六〜一九五五、真宗大谷派）。その惨憺たる光景にうたれた沼波は、「子々孫々に至る迄決して監獄の教誨師たるべきものに非ず」として教誨師を辞職、東京深川に無料宿泊所を開設し、失業者の救済事業へと転身した。

東京監獄で教誨師をつとめた田中一雄（生没年不詳、本願寺派）は、自身が執行に立ち会った死刑囚一一四名について詳細な手記を残している。『死刑囚の記録』（一九〇〇〜一九一一）として知られるその手記には、自分が見送った死刑囚のうち、少なくとも半数は殺す必要はなかったという、驚くべき所見が綴られている。田中のみるところ、犯罪のほとんどは、一時の「色情」（情欲）に突き動かされて起こる衝動的なものである。時間をかけて丁寧に教誨できれば、いつか必ず改心して生き直すことができるはずで、死刑はまったく無益な刑だというのが、教誨師としての田中の確信であった。沼波も田中も、本来は更生の場であるべき監獄に死刑が存在することの矛盾を直視しながら、教誨師としての立場の困難と限界を、苦渋の思いとともに語っているのである。

五　根源的な問いかけ

このように明治後期は、今日までつづく監獄教誨の基本線が、はじめて形成された時代であった。その特徴は、（一）浄土真宗が教誨事業をほとんど独占したこと、（二）国家との緊密な協働を基調としたこと、（三）主体の矯正（悔過遷善）が理念とされたことの、三点に要約しうる。（三）は、かつてキリスト教徒たちが追求した「監獄改良」の理念とは質的に異なるもので、やがて昭和初期になると、「思想犯」に対する矯正という次元も加わりながら、さらなる展開をみせていくことになる。

一方で、明治後期の一部の教誨師たちがすでに語っているさまざまな「苦悩」には、教誨制度の歴史と現在を反省的に振り返ってみるための、貴重な問いかけがたくさん含まれている。人間を思う通りに更生することは本当にできるのか。更生の可能性を否定する死刑制度は今後どうあるべきなのか、等々。

教誨師たちの苦悩は、本巻の主題でもある「国家と信仰」が鋭く葛藤する監獄教誨という場に、彼らがまさに身を置き続けなければならない存在であったことにも由来している。そのような彼らの苦悩やジレンマは、容易には解きがたい近代への根源的な問いを、突き詰められた思考と言葉によって私たちに伝えているのである。

第四章　キリスト教会の外へ

赤江達也

一　はじめに――一九〇一年、「主義」の流行

明治後期の日本社会において、キリスト教はどのように受容されていたのか。西暦でいえば、おおよそ一八九〇年代から一九〇〇年代にかけての、日本のキリスト教をめぐる状況を素描してみよう。

いわゆる世紀転換期には、キリスト教界では『新人』や『聖書之研究』、仏教界では『新仏教』や『精神界』といった宗教雑誌が次々と創刊されている。そうした宗教メディアに結集した信仰者たちによって、教団の改革や個人の救済をめぐる真摯で活発な議論が展開されていた。とくに一九〇一（明治三四）年には、近代日本宗教史においてよく知られた「主義」が相次いで提唱されている。

一九〇一年一月、「精神主義」が登場する。真宗の結社・浩々洞に集う同人たちが立ち上げた雑誌『精神界』創刊号の巻頭で、清沢満之（一八六三～一九〇三）が「精神主義」と題する論考を発表する（近藤俊太郎『天皇制国家と「精神主義」――清沢満之とその門下』法藏館、二〇一三、三頁）。

同年五月、「無教会主義」が登場する。前年から雑誌『聖書之研究』と聖書研究会を拠点に独自の伝道を開始していた内村鑑三（一八六一～一九三〇）が、雑誌『無教会』第三号においてみずからの立場を無教会主義と呼ぶ（赤江、二〇一三、八〇頁）。

同年九月、「日蓮主義」が登場する。田中智学（一八六一～一九三九）が著書『宗門之維新』において「日本による世界統一」という国家主義的なヴィジョンとともに日蓮主義を唱える（大谷栄一『日蓮主義とはなんだったのか――近代日本の思想水脈』講談社、二〇一九、六三頁）。

「精神主義」「無教会主義」「日蓮主義」――日本宗教史で有名なこれらの「主義」は、いずれも一九〇一年に提唱されている。それだけではない。真宗教学者の曾我量深（一八七五～一九七一）は雑誌『無盡燈』一九〇二年一月号の「思潮」で、一九〇一年の「最大遺物」として、清沢満之の精神主義のほか、『新仏教』編集者・境野黄洋の「常識主義」、高山樗牛の「美的生活主義」を挙げている（福島栄寿『思想史としての「精神主義」』法藏館、二〇〇三、四〇頁）。

一九〇一年には宗教家・思想家がみずからの立場を「主義」として提示することが流行していた。その主義＝思想が青年読者を魅了し、彼らの生き方を方向づけていく――そのような、新たなランドスケープが形成されはじめている。

こうした光景を切り取るために、本章では内村鑑三に注目する。思いがけず不敬事件の当事者として言論空間へと押し出された内村が、無教会主義を唱えるにいたる過程とその宗教運動をとりまく環境を概観することで、明治後期のキリスト教をめぐる状況の一断面を浮かび上がらせてみたい。

二　不敬事件の波紋――「日本のキリスト教」の成立

プロテスタント・キリスト教の制度的定着

明治なかばに起こった不敬事件は、日本のキリスト教界を大きく方向づける。そのインパクトを考えるために、明治前半におけるプロテスタント・キリスト教の状況をみておこう。

幕末以降の日本では、欧米の宣教師によってキリスト教布教が進められていく。明治維新以降の「西洋化」のなかで、とくに旧士族の青年をはじめとする知識層のキリスト教への関心は高かった。信徒数も急速に増加し、各地に伝道所や教会が形成された。

一八七〇年代後半から八〇年代には、教派ごとに教会を統合するかたちで、全国組織としての教団が成立していく（森岡、二〇〇五）。それと並行して、教会運営の主導権も欧米人宣教師から日本人指導者へと次第に移行する。

主な教派の教団としては、長老派の日本基督教会、会衆派の日本組合基督教会、メソジスト監督派の日本美以《みい》教会（日本メソヂスト教会）がある。長老派では一八七七年に日本基督一致教会が成立し、一八九〇年に日本基督教会と改称している。指導者は植村正久（一八五八～一九二五）、井深梶之助（一八五四～一九四〇）である。会衆派では一八七八年には日本基督伝道会社が設立され、一八八六年に日本組合基督教会となっている。指導者は海老名弾正《えびなだんじょう》（一八五六～一九三七）である。メソジスト監督派では一八八三年に日本美以教会が組織され、のち一九〇七年にメソジスト系三教派が合同して日本メソヂスト教会が成立する。初代監督は本多庸一《ほんだよういつ》（一八四九～一九一二）である。

一八八九年に公布され、翌年施行された大日本帝国憲法では「信教の自由」が認められた。日本のキリスト教界はそれを歓迎するのだが、一八九〇年代には厳しい逆風を受けることになる。憲法と教育勅語の発布から日清戦争でナショナリズムが高揚する過程において、キリスト教徒によるとされる不敬事件が頻発し、キリスト教への批判が高まるのである。その端緒となったのが、内村鑑三不敬事件である。

不敬事件と内村鑑三の孤独

一八九〇年、新たに発布された教育勅語の謄本が、全国の学校へと配布されはじめる。第一高等中学校でも、まず御真影が下付され、一八九〇年一二月二五日に、天皇が署名をした教育勅語が下賜された。内村鑑三は二九歳、着任してまだ数ヶ月の嘱託教員であった。

一八九一（明治二四）年一月九日、第一高等中学校の始業式で、教育勅語の奉読式なる新奇な儀式が行われた。教員と生徒が順に壇上に進みでて、教育勅語に記された天皇の署名にお辞儀をするという儀式である。儀式の冒頭で、校長代理の教頭が「宗教的低頭」をするように指示した。そのためか、内村は壇上でちょっとためらってから、頭を下げた。そのお辞儀が不十分だとして非難を浴びるのである。

内村はお辞儀をやりなおすことを要求された。だが、すでにいったんお辞儀をしたことを根拠として、内村はやりなおしを拒否した。それにより、内村への非難は激化する。後日、キリスト教徒の同僚が病床の内村に代わってお辞儀をやりなおすが、騒ぎは収まらず、内村と同僚はともに教職を追われることになる。

これが「第一高等中学校不敬事件」「内村鑑三不敬事件」である。この事件は当時から現在までよく知られたものであり、とくに戦後には、キリスト教徒が信仰にもとづいて「天皇制国家」の儀式を拒否したできごととして高く評価されてきた。

ただ、この事件での内村のふるまいには、わかりにくいところがある。壇上でためらってからお辞儀をする。やりなおしを要求されると、それを拒否する。後日病床で同僚によるやりなおしを了承する。――こうした経緯は、キリスト教徒による「天皇制国家」の拒否といった理解に容易に収まるものではない。それよりはむしろ「愛国的キリスト信徒」の困難として捉えた方がよい（赤江、二〇一三、第一章第一節）。

内村鑑三は教育勅語の内容に異議を唱えたわけではなかった。また、事件以前の内村は熱烈な愛国者であり、天皇＝皇室の支持者であった。事件の一年あまり前、内村は講演で「日本に於て世界に卓絶したる最も大なる不思議は実に我皇室なり。天壌と共に窮りなき我皇室は実に日本人民が唯一の誇とすべきものなり」と語ったという（山路愛山『基督教評論・日本人民史』岩波文庫、一九六六、一〇〇〜一〇一頁）。その内村が、お辞儀を拒否するつもりであったとは考えにくい。

学校内のミクロな政治も重要である。着任後すぐに謹厳な「愛国的キリスト信徒」として注目を集めていた内村は、キリスト教徒の生徒からも頼られ、彼らの模範となることを期待されていた。その一方で、内村と対立していた教頭が、唐突に「礼拝的低頭」を命じたことで、内村は困難に直面する。愛国者としては「敬礼」すべきである。だが、キリスト教徒が「礼拝」してよいのか。――天皇にまつわる新奇な儀式と「礼拝」という唐突な意味づけが「愛国的キリスト信徒」にジレンマを生じさせる。その困難を前に、内村はためらう。そして自分はお辞儀をしたとも、しなかったとも語るのである。

ともあれ、事件は学校をこえて、新聞や雑誌でも報道され、大きな騒ぎとなる。国体論や仏教徒の論者は、内村を「不敬漢」として激しく非難した。それればかりか、植村正久のようなキリスト教会の指導者も、内村の言行の曖昧さや不徹底を厳しく批判した。

こうして「愛国的キリスト信徒」の内村鑑三は、世間からの非難を浴び、キリスト教徒にも理解されなかった。しかもその渦中に、内村の妻が肺炎で死去する。その苦難のなかで、内村は友人の支えをかりて休養をとり、地方の学校を転々としながら、著述に取り組みはじめる。

国体論の時代のキリスト教

内村鑑三の事件以降、キリスト教徒によるとされる不敬事件が多発していった（小股憲明『明治期における不敬事件の研究』思文閣出版、二〇一〇）。さらに帝国大学教授の国体論者・井上哲次郎による談話をきっかけとして「教育と宗教の衝突」論争が起こり、キリスト教批判が再燃する。日清戦争直前のこの時期には、ナショナリズムが高揚し、「国体」観念が急速に浮上しつつあった。その国体論的な言論空間のなかで、「西洋」由来のキリスト教は、国体との整合性が厳しく問われつづけた。

こうした非難に対して、キリスト教会の指導者は果敢に反論した。だが、国体論からの批判に応答するなかで、キリスト教徒たちの主張もまた国体論的なナショナリズムへと巻き込まれていく。こうして一八九〇年代以降、教会の指導者たちは国体と衝突しないかたちで「日本のキリスト教」を語ることが求められるようになる。

一九〇一年には、植村正久（日本基督教会）と海老名弾正（組合教会）による「キリスト論論争」が『福音新報』と『新人』誌上で展開された。日本人キリスト教指導者による神学上の論争は、それ自体が日本社会への神学の定着を示すできごとであった。また、植村正久による東京神学社の設立（一九〇四年）が象徴的に示すように、牧師・神学者の養成機関である神学校も、宣教師の影響下から自立しつつ再編されていた。

一九〇〇年代には、大衆伝道や朝鮮伝道が展開され、キリスト教の信徒数も漸進的な増加傾向へと転じる。教会の指導者たちは国体論的な公共性（河野、二〇一六、一九六頁）の枠内で、キリスト教のあるべきすがたを模索していった。海老名弾正は「神道的キリスト教」を語り、植村正久は一九〇九年以降、新嘗感謝礼拝を行う（齋藤公太「随神の気風――植村正久における神道観の諸相」『國學院大學研究開発推進機構紀要』第一一号、二〇一九）。それらは政治的な妥協というよりはむしろ、「日本のキリスト教」の積極的な模索であった。

内務省が主催し、仏教・教派神道・キリスト教の代表者が集った「三教会同」（一九一二年）などを通じて、キリスト教会もまた、「天皇制国家」の体制のなかで公認宗教としてそれなりに安定した位置を占めることになる。それに対して、不敬事件以降の内村鑑三は、教会とはすこし異なった道をとっている。

三　教会の外へ――キリスト教の拡散的定着

内村鑑三の無教会主義

内村鑑三は一八九三年に最初の著書『基督信徒の慰』を刊行すると、その後も次々と著作や論文を発表し、キリスト教徒の著述家として認められる。一八九〇年代後半には、新聞『萬朝報』の英文欄主筆となり、さらに雑誌『東京独立雑誌』の主筆となる。そして、その後も『萬朝報』を拠点に社会主義者らと理想団を結成し、社会的・政治的な発言や実践をつづけていた。

だが、一九〇〇年代になると、内村は社会評論や社会運動から次第に離れていく。そして、キリスト教の伝道と著述に専念しはじめる。まず一九〇〇年には雑誌『聖書之研究』を刊行し、自宅で小さな集会（聖書研究会）を開始する。そして、翌一九〇一年には投書雑誌『無教会』を創刊して、そのなかで「無教会主義」を唱えるのである。

「無教会」という造語そのものは、最初の著書『基督信徒の慰』（一八九三）で用いられている。内村は不敬事件の後で、行くべき教会を失った状態を「無教会」と呼んでいる。だが、すぐにつづけて、世界が教会であるならば、自分は「無教会ではない」と記している。『基督信徒の慰』では、「無教会」とは、既存の教会を離れた消極的状態を意味することばであり、積極的な意味を与えられてはいない。

それから八年後の一九〇一年、内村は「無教会」という言葉を積極的な意味で用いはじめる。そもそも投書雑誌の『無教会』というタイトルは、内村がみずからの実践を「無教会」と呼びはじめたことを示している。そして、『無教会』第三号の「社説」において「無教会主義」が初めて語られる。それは次のような断章である。

我等に行くべき教会はない、然し此世が我等の教会である、我等に信仰の友はない、然し人類が我が教会の会員である、此教会に忠実にして此教会に深切《しんせつ》なる是が無教会主義と云ふものである。（『無教会』第三号、明治三四年五月五日、二頁）

世界そのものが教会であり、人類が会員である。そして、その世界＝教会に忠実な立場が「無教会主義」である。――この主張には『基督信徒の慰』からの飛躍がみられる。

一八九三年の内村は、すでに世界が教会であるという認識をもっているが、それを「無教会」とは呼んでいなかった。その段階では、「無教会」は既存の教会を離れた消極的状態とみなされていた。

それに対して、一九〇一年の内村は、世界という教会の肯定を「無教会主義」と呼んでいる。無教会とは、既存の教会を欠いた消極的な状態ではなく、世界という教会そのものの名前である。その世界という教会を肯定する立場が「無教会主義」なのである。

「紙上の教会」——集会群を生成する読者共同体

このような「無教会主義」の主張は、教会と世界についての認識を転倒させるものである。だが、それだけでは「無教会運動」の思想とはいいがたい。世界が教会であり、人類がその会員であるならば、そこでは信仰共同体については語られていない。それゆえに、無教会主義が無教会運動へと転化するには、もうひとつの飛躍が必要である。

その飛躍とは「紙上の教会」としての無教会の発見である。その認識が明確に語られるのは、『無教会』第七号（一九〇二）の社説「『無教会』雑誌」においてである。

本誌は元々教友の交通機関を目的として発行した者でありまして、一名之を『紙上の教会』と称《とな》へても宜しい者であります、即ち私共行くべき教会を有たざる者が天下の同志と相互に親愛の情を交換せんために発行された雑誌であります、夫れ故に本誌は独立雑誌や聖書之研究とは違ひ記者が筆を執ること割合ひに少く読者が報《はう》と感《かん》とを傳《つと》ふること割合に多かるべき性質の雑誌であります、読者諸君は能く此事を心に留めて居いて下さい。（『無教会』第七号、明治三四年九月五日、一頁）

『無教会』誌の目的は、『聖書之研究』の読者が投書を通じて交流することにあった。それゆえに、内村は『無教会』を「教友の交通機関」と規定し、さらに「紙上の教会」と呼ぶのである。

「紙上の教会」とは、まずは『無教会』誌を指しているのだが、同時に教会なきキリスト者の「交通」＝コミュニケーションを意味している。実際、『無教会』誌そのものは第一八号で終刊となり、読者による投書と交流といった役割は『聖書之研究』のなかに吸収され統合されている。

この「紙上の教会」という構想によって、無教会は、たんに世界という教会を肯定する思想であるだけではなく、教会なきキリスト者たちのコミュニティ、教会外の信仰共同体としての輪郭を与えられる（ただし、無教会主義には、信仰共同体の輪郭の制度化を避ける傾向があり、その輪郭はたえず曖昧化する。その点で、聖礼典の共同体としての教会とは異なっている）。

こうした認識は、内村の周囲にすでに信仰共同体が形成されつつあったことと対応している。一九〇一年ごろ、聖書研究会の出席者は二〇名ほど、『聖書之研究』の発行部数は一八〇〇部ほどで安定しており、いずれも次第に増加していった。一九〇五年には、内村の呼びかけによって、国内外で読者の集会（教友会）が結成されている。

無教会キリスト教は、読者共同体とそこから生成する集会群という二重の運動として理解することができる。無教会は師弟関係を重視するために小規模な集会（結社）としてイメージされやすい。だが、そうした集会群が各地で生成していくことが可能だったのは、その社会的基盤としての雑誌メディアと読者共同体が存在していたからなのである。

プロテスタント・キリスト教の拡散的定着

内村鑑三にはじまる無教会運動は、教会・教団の外にありながら、読書社会に根ざすことで広がっていった。その後、大正期のなかばには、内村の講演はときに二〇〇〇人を超える聴衆を集め、『聖書之研究』の部数は四〇〇〇部を超えた。一九三〇年に内村が没する頃には、弟子たち一〇数人が伝道者となる。戦時下の組織的動員を免れ、分散的な活動をつづけた無教会は、戦後に存在感をもつ。南原繁（一八八九

～一九七四）、矢内原忠雄（一八九三～一九六一）、大塚久雄（一九〇七～一九九六）といった無教会派の知識人が華々しく活躍した。一九五〇年代には、無教会の信徒数は三万から五万人と推定され、五〇～六〇誌にのぼる無教会雑誌が刊行された。内村鑑三の著作も、岩波文庫のようなかたちで読まれつづけている。

こうして、無教会主義は、近代日本を代表するキリスト教思想となる。無教会運動の中心的な担い手は敬虔な信徒たちであった。だが、無教会主義の思想は、教養主義や戦後社会科学に親和的な宗教思想として、より広範な読者層にも受容された。無教会主義には、信仰としての受容だけでなく、教養文化としての受容を許すところがあった。

教会の外への動きは、無教会だけにみられるわけではない。世紀転換期のキリスト教界では、教会・教団の外への動きがさまざまに展開されている。たとえば一八九〇年代におけるユニテリアンの思想は、「正統」的なプロテスタンティズムの教理よりもある意味では理解しやすい、合理的で啓蒙主義的な宗教思想として知識層に受容されていた（鈴木、一九七九）。

プロテスタントの諸教団も一九〇〇年代には伝道を活発化し、信徒数も漸増に転じている。朝鮮への海外宣教が本格化する一方で、社会への働きかけも新たな展開をみせる。後者の事例として、賀川豊彦（一八八八～一九六〇）の活動がある。

賀川豊彦は神戸神学校（後の中央神学校）の神学生であったが、結核や信仰に悩むなかで一九〇九年に神戸市新川のスラムに住み込む。そして、数年にわたって救貧と伝道をつづけた。スラムでの経験をもとにした自伝的小説『死線を越えて』（一九二〇）は、一〇〇万部をこえる大ベストセラーとなる。賀川は長老派の牧師・説教者として、著述家として、救貧活動・労働運動・消費者運動（生協）のリーダーとして、多方面で活躍していく。

明治後期のキリスト教界では、教会を形成し、教派ごとの教団を確立する動きにつづいて、教会の外への動きがみられた。このような教会外への動向を――制度的定着（森岡、二〇〇五、一一〇、三三〇、四四一頁）と区別して――拡散的定着と呼ぶことにしよう。明治後期のプロテスタント・キリスト教界では、制度的定着と拡散的定着という二重のプロセスが進展していたのである。

四　青年求道者たちのフロンティア――キリスト教と仏教の交錯

一九〇〇年代の宗教サークル――内村鑑三と新渡戸稲造の門下生たち

教団の外へという動きは、仏教においても生じている。吉永進一は「仏教の近代化とは、仏教が（日本の）寺院から出て行く過程である」と指摘し、大学・メディア・国際化という三つの指標を挙げている（大谷・吉永・近藤編、二〇一六、viii頁）。青年仏教徒や仏教系知識人が最新のメディアを活用して、仏教を寺院の外へと発信していた。

一九〇一年における「主義」の流行は、教団の外へという宗教横断的な動向のひとつのピークであった。その後につづく煩悶の時代のなかで、宗教思想を語る「先生」の周囲に、知的かつ求道的な青年たちがあつまり、宗教的なサークルが形成された。

内村鑑三の門下で結成されたサークルのうち、もっともよく知られているのが柏会（一九〇八年）である。

柏会は第一高等学校の学生一〇数名の団体で、もとは一高校長・新渡戸稲造（一八六二〜一九三三）の読書会グループであった。

新渡戸と内村は、札幌農学校の同期生で、信仰的な同志であった。内村は無教会、新渡戸はクエーカーと教派的立場は異なる。だが、ふたりは札幌農学校時代に「イエスを信ずる者の誓約」に署名をして入信し、ともに札幌独立教会を設立した仲間だった。

新渡戸が校長となった一九〇〇年代の第一高等学校は、教養主義の成立の主要な舞台とされる。新渡戸は一高の近くに家を借りて開放し、学生と語りあった。その親しい交わりを通じて、学生たちに大きな感化を与えていた。その新渡戸が、学生たちからの希望に応じるかたちで内村に紹介する。こうして新渡戸門下の学生グループが内村の門下に入る。その一団を内村は柏会と名づけた。

柏会では定期的に新宿の内村宅にあつまって黙祷し、語りあい、最後に内村の話をきいて解散した。それはいわば学校外の師が主宰するサロンであり、友人と自由に語りあうためのサークルであった。内村門下では、その後も白雨会（一九一二年）、柏木兄弟団（一九一八年）などが結成されている。

柏会はその成立の経緯からもわかるように、もともとは教養主義的サークルであり、そのメンバーは必ずしもキリスト教徒ではなかった。だが、彼らのような青年求道者たちのなかから次世代の無教会伝道者一〇数人が輩出される。教会では神学校を通じて牧師・神学者を養成するわけだが、無教会では結果的に東京帝国大学を通じて伝道者・聖書研究者が養成されることになる。

キリスト教か、仏教か――青年・塚本虎二の選択

柏会のメンバーで、のちに無教会伝道者・聖書研究者となった代表的な人物として、塚本虎二（一八八五～一九七三）がいる。

福岡県出身の塚本は、中学時代には無神論者であり、キリスト教の「撲滅」を考えていた。だが、一九〇四年に第一高等学校に入学した塚本は、勧められるままに、基督教青年会と仏教青年会に入会している。その理由を、塚本は次のように回想している。

どういう積りで入ったのか今ではわかりませんけれども、やはり何か自分の中にそれを要求するものがあったらしいのであります。子供の時の宗教心もあったでありましょう。殊に罪の悩みといったような問題がありまして――罪の悩みと言っても幼いもので、したい善いことが出来ないで、していけない悪いことをする、といったような悩みであったかと思いますが、そのためとにかく二つの青年会に入りました。（「キリストを信じて50年」塚本虎二『塚本虎二著作集 続』第七巻、聖書知識社、一九八四、七頁）

罪に悩み、善く生きたいという「幼い」願いから、塚本は「とにかく」キリスト教と仏教という二つの青年会に入ってみる。ただ、なぜか「長いあいだ」出席せず、しばらく経ってから行ってみたようである。塚本によれば、基督教青年会では石川角次郎、仏教青年会では近角常観が講師を務めていた（「無教会になるまで」関根正雄・前田護郎・斎藤茂編『聖書とその周辺』伊藤節書房、一九五九、三四一～三四二頁）。

石川角次郎《いしかわかくじろう》（一八六七～一九三〇）は、基督教会（ディサイプルス派）の牧師・教育者である。アメリカで英文学の修士号をとり、一八九二年に帰国後は英語と英文学を講じながら、教派教団からの援助を受けない独立伝道師として活動した。一九〇三年には聖学院の設立にかかわり、聖学院神学校で神学や英文学を教えている（小田信人「石川角次郎」『日本キリスト教歴史大事典』教文館、一九八八、一〇〇～一〇一頁）。

近角常観《ちかずみじょうかん》（一八七〇〜一九四一）は、真宗大谷派の僧侶である。欧米視察でキリスト教にヒントを得た近角は、一九〇二年、東京帝国大学の近くに求道《きゅうどう》学舎を開設し、第一高等学校の学生を教導した。日曜日には講話会や学生中心の信仰談話会を開き、雑誌『求道《きゅうどう》』を刊行した（岩田、二〇一四／碧海、二〇一四／碧海寿広『入門　近代仏教思想』ちくま新書、二〇一六、第三章）。

石川角次郎や近角常観、そして内村鑑三や新渡戸稲造。――彼らはキリスト教や仏教といった特定の宗教伝統に連なりながら、既存の教会や寺院とは異なる場所で宗教活動を展開していた。こうした独立系宗教家や教育者が、一高・帝大の近くで、そして教会や寺院の外で、青年たちを導いていたのである。

その後の塚本は、読書を通じてキリスト教の信仰へと入っていく。一九〇六年、高校三年生のとき、古本屋で内村の『基督教問答』を買って読む。翌年一月に内村の『聖書之研究』第八三号を入手して購読を開始する。その翌月一〇日に、東大の三四郎池のほとりで神秘的な体験をして、キリスト教に回心する。そして内村の聖書講義に入門し、柏会に参加している。

塚本虎二は東京帝国大学を卒業後、農商務省の官僚、内村の助手を経て、独立伝道者となる。一九三〇年代以降は東京・丸の内で聖書研究会を主宰し、雑誌『聖書知識』を発行した。塚本のライフワークは新約聖書の研究・翻訳であり、その門下からは、関根正雄（東京教育大学）、前田護郎（東京大学）、中沢洽樹《こうき》（立教大学）といった聖書学者が輩出された。岩波文庫の塚本虎二訳『新約聖書　福音書』（一九六三）は現在でも広く読まれている。

無教会主義から無寺院主義へ――高田集藏と葛野枯骨

内村鑑三の著作は、キリスト教という宗教の枠をこえて読まれ、広く影響を及ぼした。そのような読者の事例として、修養家の高田集藏（一八七九～一九六〇）と仏教者の葛野枯骨《かどのここつ》（一八七八～一九六一）を挙げることができる（中川、二〇一四）。

高田集藏は多くの著作をもつキリスト教徒の修養家であるが、青年時代から内村の熱心な読者であった。岡山県の旧家に生まれた高田は、高等小学校教員をしながら内村の著作を読み、一九歳のころにキリスト教の洗礼を受ける。法律家をめざして上京すると、憧れていた内村の自宅を訪問し、自分の悩みを涙ながらに語り、信仰上の助言をもらっている。

一八九九年から一九〇二年、高田は徴兵で騎兵隊に入るのだが、入営中も聖書と内村の本を読みふけり、上官にいじめられた。除隊後にも、ふたたび内村を訪れて『基督信徒の慰』を贈られている。同時期に、同じ千葉県習志野の騎兵隊に入隊していたのが、葛野枯骨である。高田と葛野は騎兵隊の「二奇人」と呼ばれ、親交を深めた。

葛野枯骨は、兵庫県の伊丹にある浄土真宗本願寺派源正寺の副住職の長男であった。兵役の後には新聞記者となり、仏教運動の反省会に出入りするが、一九〇四年には呼び戻されて源正寺住職となっている。北摂へと戻ってきた葛野は、社会主義に関心をもち、地元の学友と地域紙『屁はがき集』を発行し、『縦横新聞』で不正を筆誅した。

葛野は、貧しい小作門徒の布施によって成り立つ寺院生活に疑問を抱くようになる。そして、一九一〇年には「無寺院主義」なる「主義」を唱えている。

宗教界に於ける我慢の出来ないのは執着心である。基督信者が教會に執着して、信仰をそっち除けにし、佛教者が寺院殿堂に執着して、佛をとり逃す事である。内村氏が無教會主義を稱へているのは、此執着心の打破を主張するものであらう。佛教界に於いても、此寺院殿堂に執着して、寺院即ち信仰である様に、僧俗共に心得ている事は、誠に遺憾のことである。で、自分は無寺院主義を主張し度く思ふ。(『新仏教』第一一巻第七号、明治四三年)

葛野は、内村の無教会主義に言及しながら、「執着心の打破」としての「無寺院主義」を主張する。キリスト教徒の教会、仏教者の寺院殿堂は「執着心」にほかならない。日本の仏教は殿堂伽藍という形骸に重きをおき、信仰が留守になっている、というのである。

葛野の無寺院主義には、高田集藏を経由した内村鑑三の影響がみられる。葛野は、仏教教団を否定した伊藤証信(一八七六~一九六三)の雑誌『無我の愛』も購読していたが、「師としてたよるには不満足」と批判的であったという(中川、二〇一四、八六頁)。

宗教伝統に連なりながらも、その信仰と理想を追求していくなかで、教団の外へと出てしまう。その求道的な姿勢が、印刷メディアを通じて青年読者を惹きつけ、彼らの生き方を変えていく。そのような連鎖が、宗教の枠をこえ、さらに地方へも波及していた。

高田集藏は神戸聖書学校で教えていたが、一九〇七年ごろに離職して、大阪の河内で晴耕雨読の清貧生活をはじめている。葛野枯骨も一九三〇年ごろに源正寺を出て、薬店で自活しつつ在野の僧となる。葛野は宝塚市中山に居を構え、街頭での日曜学校、自宅の屋根のスピーカーからの放送、紙芝居での宗教教育などを通じて在家仏教の布教伝道を行っている。

五　おわりに――現代的な「宗教」理解の起源

求道者たちの居場所――メディアとサークル

一九〇一年における「主義」の流行とは、キリスト教の教会、仏教の寺院のような教団からすこし離れて、自由に、真摯に、信仰を追求しようとする求道《きゅうどう》的な宗教性のあらわれであった。

キリスト教の文脈では、「求道者《きゅうどうしゃ》」は、回心・入信にいたる以前の「未信者」を意味することがある。それに対して、ここでの「求道《きゅうどう》」は、真理を求める宗教者の姿勢や生き方を指している。（仏教の文脈では「ぐどう」とも読むが、近角常観は「きゅうどう」を採用している。）

内村鑑三や近角常観といった宗教家は、キリスト教や仏教といった特定の宗教伝統に立ちながらも、教会や寺院という制度的な場から距離をとり、自由に教典を研究し、悩みや信仰を語りあうための居場所をつくりだした。それは私塾や結社、サロンやサークルとして、青年たちを惹きつけた。

内村や近角はたしかにカリスマ的な「先生」＝「師」であったが、彼らのような存在を可能にしていた社会的条件を見落としてはならない。宗教雑誌のようなメディアの発展が宗教思想家を可視化する。旧制高校や大学では青年たちが煩悶しつつ善く生きようとする。彼らは制度化された学校の外に精神的指導者を求め、語りあう仲間を求めた。

こうした条件が重なるところで成立したのが、求道者たちの居場所である。そのような場において、青年たちは自己の悩みに向きあい、信仰をえて成長した。そしてその青年たちが大正期以降の宗教文化の担い手・書き手となる。ただ、彼らは自分たちが経験したような居場所を再現しようとしたが、その条件は次第に失われていった。

大正期の求道者たちは、教団のような制度的宗教性よりも、「師」が体現していた求道的宗教性のほうに真正性を見出した。教団・制度・組織への薄っすらとした不信と、個人的・内面的・実存的な信仰への憧憬――こうした対比的な「宗教」理解が、明治末から大正期にかけて普及する。そのような宗教の語り方は、戦後の近代化論によって強化され、現在にまでつながっている。

キリスト教の拡散的定着とそのゆくえ

最後に、日本キリスト教史への見通しを述べておきたい。

本章では、明治後期におけるキリスト教界の動向を、教会形成（制度的定着）と教会の外への動き（拡散的定着）という二重のプロセスとして捉えてきた。明治なかばまでに「教会の形成」が進むと、明治後期には「個人の救済」が切実な課題として浮上してくる。そのような課題に応える宗教思想のひとつが無教会主義であった。

無教会のような「教会外のキリスト教」は、教派・教団を中心とする教会史からみれば周辺的なものにすぎない。だが、近代日本宗教史としてみるならば、教派・教団をこえて広く受容されたキリスト教的な思想や文化をふくめて日本のキリスト教を捉えることも重要な課題となる。

鈴木範久は、日本キリスト教史の視点として、教会内の信徒に対象を限定しない、「教会外のいわば文化史的な見方」が必要であると述べている（鈴木、二〇一七、五頁）。また、星野靖二は、鈴木範久や高橋昌郎（二〇〇三）の立場を「「正統」や「近代化」ではない形で、より広く日本社会との関わりのなかにおける「キリスト教」を描き出そう」とする「文化史的視点」と要約している（岩田真美・桐原健真編『カミとホトケの幕末維新――交錯する宗教世界』法藏館、二〇一八、二七八頁）。

近代日本のキリスト教の信徒数は人口の一パーセント内外にとどまる。だが、内村鑑三や新渡戸稲造の名前は、思想家・著述家として広く知られている。教養として聖書を学ぼうとするような教養読者層にとっては、内村や新渡戸こそが「日本のキリスト教」を代表する存在なのである。

内村や新渡戸の感化を受けた人びとは、宗教界や学問界だけでなく、政界や官界、財界にも広がっていた。とくに敗戦後の時期に、彼らは重要な地位に就いている。東大総長を務めた南原繁や矢内原忠雄、あるいは初代宮内庁長官の田島道治《たじまみちじ》（一八八五～一九六八）や侍従長の三谷隆信（一八九二～一九八五）らである。そして田島や三谷を介して、塚本虎二と矢内原忠雄が昭和天皇に進講している（赤江達也『矢内原忠雄――戦争と知識人の使命』岩波新書、二〇一七、一九二～一九三頁）。

「教会外のキリスト教」は、リベラル・ナショナリズムの宗教思想として、二〇世紀なかばの日本社会のメインストリームにつながっていた。こうした人脈やエピソードは知られているが、その社会的広がりの記述は、いまだ十分とはいいがたい。「教会のキリスト教」とともに「教会外のキリスト教」の広がりを測量し記述すること――宗教史としての日本キリスト教史の課題がここにある。

参考文献

赤江達也（二〇一三）『「紙上の教会」と日本近代――無教会キリスト教の歴史社会学』岩波書店
岩田文昭（二〇一四）『近代仏教と青年――近角常観とその時代』岩波書店
碧海寿広（二〇一四）『近代仏教のなかの真宗――近角常観と求道者たち』法藏館
大谷栄一・吉永進一・近藤俊太郎編（二〇一六）『近代仏教スタディーズ――仏教からみたもうひとつの近代』法藏館
河野有理（二〇一六）『偽史の政治学――新日本政治思想史』白水社
鈴木範久（一九七九）『明治宗教思潮の研究――宗教学事始』東京大学出版会
――（二〇一七）『日本キリスト教史――年表で読む』教文館
高橋昌郎（二〇〇三）『明治のキリスト教』吉川弘文館
中川剛マックス（二〇一四）『峯尾節堂とその時代――名もなき求道者の大逆事件』風詠社
森岡清美（二〇〇五）『明治キリスト教会形成の社会史』東京大学出版会

コラム③　近代の戦争記念碑

粟津賢太

一　戦争とモニュメント

近代に入ると戦争の勝利や戦没者を記念するモニュメントが盛んに建設されるようになった。現在でも地方へ行くと、地名として、あるいはバスの停留所の名前として「忠魂碑」や「忠霊塔」という名称が残っていることもある。

近代日本における戦没者記念施設のうち、国内に造られた忠魂碑などのモニュメントの基礎的調査では、一万六千基ほどの所在が明らかにされた。これは二〇〇〇（平成一二）年から二〇〇一（平成一三）年にかけて行われた国立歴史民俗博物館の基礎的調査によるものであり、同調査では、おそらく総数は三万基以上存在すると推定されている（『非文献資料の基礎的研究　近代戦争に関する記念碑』国立歴史民俗博物館、二〇〇三）。これらのモニュメントの建造は内戦であった戊辰戦争に由来するものもあるが、多くは日清戦争後に始まり、日露戦争を期に全国的に一般化したものと考えられる。それは戦没者の大量発生に対応している。一般に「忠魂碑」としてイメージされているのはこれらである。

その後、大日本忠霊顕彰会が建設を推し進めたものに忠霊塔がある。これはより大規模なもので、内部に納骨施設を備えている。この建設は、まずは外地、旧満州国や日本の統治下にあった諸国・地域で推進された。国内でも各市町村に一基を目標として推進されたが、この運動は敗戦によって中断した。一九五一（昭和二六）年のサンフランシスコ講和条約締結後、戦中から計画されていた碑の建設が、「忠魂碑」や「忠霊塔」ではなく「慰霊碑」や「平和の塔」のように名称を変えて再び始まった。また戦後五〇年を迎える一九九五（平成七）年の辺りをピークとして各地でさらに建設が続いた。

こうしたモニュメントの所在調査に関しては、戦後五〇年という節目を目指した記念事業と位置付けた全国護国神社会によるものや、遺族会から提供されたデータをもとに現地を訪れ所在を明らかにしていった海老根功によるものもある（海老根功『忠魂碑』第一巻・第二巻、東宣出版、一九八四・一九八五／同『戦争のいしぶみ』埼玉新聞社、一九八五、他）。近年では自治体史・誌などでも金石文に分類される資料で近代を扱うようになってきている。

こうした記念施設がいかなる意味を持つものなのか、十全に把握されていない。「マチの靖国」「ムラの靖国」と言われたりもしたが、実態は誰もつかんではいなかったし、現在でも、その総数すら把握されてはいない。

二　戦争記念碑の性格

戦没者を対象としたモニュメントをめぐる問題は、一九八二（昭和五七）年の大阪地裁で争われた、いわゆる箕面忠魂碑裁判などを契機に社会的関心を集めた。その議論は忠魂碑が宗教的施設であるか習俗であるかを焦点とし、その意味で神社非宗教論や政教分離原則などを問題化した。こうした碑の性格をめぐって、神道学者と法学者との間には見解の対立がみられる。一方で、碑表（記念碑等のこと）は神道神学上宗教施設ではない、あるいは記念碑は法的にも非宗教的なものであったとする主張があり、他方で、宗教化と習俗化は排他的な概念ではない、または神社非宗教論は循環論法に陥っており、神社が法的に宗教でないのは法的に宗教として扱っていないからであるとするような対立があった。

こうした議論は双方とも碑の性格をめぐる本質論であり、訴訟という実践的な課題がこのような限界を生み出していたのであろうが、モニュメントを意味の固定されたものとして実体論的に扱うことは危険である。戦没者記念施設の建設は、それが実用を目的としたものでないことからも象徴的な行為であり、同時に国家に殉じた者に対する社会の解釈でもある。これらの意味づけはその時代ごとの文脈に依存することが歴史的には明らかであるからだ（粟津賢太『記憶と追悼の宗教社会学――戦没者祭祀の成立と変容』北海道大学出版会、二〇一七）。

日清日露戦中戦後の時期に、戦没記念碑の建設を管轄していた内務省の方針は、忠魂碑を崇拝の対象とはさせない非宗教化政策であり、この姿勢は一貫していた。例えば一九〇六（明治三九）年、内務省は「神社境内ニ在リテハ単ニ招魂碑、忠魂碑、弔魂碑、忠死者碑ト称スルモノヽ如キ墓碑ニ紛ハシキモノハ許可セラレ難キ」との通牒を各府県長宛に出している（社甲第九号ノ内）。これは、忠魂碑が国家崇拝の道具であったとする一般的なイメージとは異なっている。

昭和期に入り、とりわけ満州事変以降、忠魂碑は、忠霊塔とともに礼拝の対象となってゆく。礼拝の行われる舞台を提供したのが在郷軍人会や青年団等の社会教化団体と学校であった。神社や寺院ではないところに礼拝があったことは重要である。碑を崇拝の対象とすることを国家が推進したのは昭和一四年以降のことである。一九三九（昭和一四）年の陸軍省の通牒では「ナルベク単純ナル忠魂碑タラシムルコトナク永遠ニ護国英霊ノ棠域トシテ尊崇ノ中心タラシムルコト」が主張された（陸普第一一一〇号）。この論理は単に軍隊内部にとどまるものではなく、社会に拡大していった。国家側の碑解釈が大きく変更されたのである。この間のミッシングリンクを埋める努力はその後の研究者たちに引き継がれている（今井昭彦『対外戦争戦没者の慰霊――敗戦までの展開』御茶の水書房、二〇一八）。

三　軍人墓地

モニュメントの研究と同様に、戦死者・殉職者を埋葬する陸軍海軍埋葬地に関する研究も歴史学において進められてきた。俗にいう「軍人墓地」は、まずもって軍の施設であり、軍の創設と戦闘によって発生した死者を取り扱う必要から発生した、その意味で軍用墓地という原田敬一の示した用語は第一義的にその本質をついている

（原田敬一『兵士はどこへ行った――軍用墓地と国民国家』有志舎、二〇一三／同『国民軍の神話――兵士になるということ』吉川弘文館、二〇〇一）。

民俗学においては、異常死者をまつる習俗は重要な研究対象であった。戦争の民俗学といい得る領域はまだ十全には確立してはいないが、これは柳田國男の『先祖の話』以来の主要な問題関心でもある。また民俗学では兵士のみならず、軍馬や軍鳩、軍犬等の碑等へも目が配られている（田中丸勝彦『さまよえる英霊たち――国のみたま、家のほとけ』柏書房、二〇〇二）。

一九七二（昭和四七）年に発見され帰国した日本兵であった横井正一氏の墓碑の脇には「グアム島小動物の墓」が建てられている（名古屋市中川区）。これは本人の遺言によるもので、長い潜伏中に食用として命を繋いだ小さな命への慰霊である。

第五章　国家神道と教派神道

齋藤公太

一　はじめに

「国家神道」と「教派神道」という構図

「国家神道」と「教派神道」、この二つが近現代の言説において俎上に載せられるとき、両者はしばしば対蹠的なもの、相反するものとして語られてきた。しかし一方をいかにとらえるかということは、もう片方をどう理解するかに直結しており、両者は連動しながら様々な相貌を見せる。今日「国家神道」について語ろうとすることは、ある種の困難さをともなわざるをえない。したがって「教派神道」との関係性について語ることもまた、困難になっている。だがその困難さは、現在の近代日本宗教史研究が置かれている歴史的境位を典型的に示しているともいえるかもしれない。

「国家神道」と「教派神道」を対極的にとらえる構図の原型は、戦前からすでにみられる。そもそも戦前において「国家神道」という言葉の用例自体がまれなのだが、一九〇八（明治四一）年の帝国議会衆議院の「神職養成部国庫補助ニ関スル建議案委員会」における小田貫一の発言は、その最初期の例として従来から注目されてきた。そのなかで小田は、「神社局ニ於テハ国家神道ナルモノヲ扱ヒ、宗教局ニ於テハ耶蘇、仏法及神道ノ各教派ニ属スルトコロノ、即チ宗教神道ヲ支配スル、斯ウ云フコトニナッテ居マシテ……」（「第二十四回帝国議会衆議院　神職養成部国庫補助ニ関スル建議案委員会議録〈速記〉第二回」）などと述べ、内務省神社局が所轄する「非宗教」の神社、すなわち「国家神道」と、宗教局が所管する「宗教神道」とを対極的にとらえている。

ここで「宗教神道」といわれているものが、おおよそ大正期に入ると「教派神道」と呼ばれるようになる。「国家神道」という呼称を採るか否かはともかくとして、「非宗教」としての神社と、「宗教」としての神道とを二分してとらえる認識は、このように戦前から存在していた。それは何より神社局と宗教局により別個に管理されるという、一八九九（明治三二）年を契機に確立された現実の法制度上の裏付けを有していたからであろう。

しかし大正期から昭和前期にかけて、加藤玄智の「国家的神道」論を筆頭に、「神道」をより拡大的にとらえる言説が登場する。そこでは神社神道をも含めて「神道」が一つの国民的「宗教」であるとされ、天皇崇敬や国民道徳も「神道」を構成する一部とみなされた。藤田大誠が述べているように、そのような言説は当時の社会の現実というよりも、各論者の理想を語ったものであったが、それは一面で神道指令に間接的影響を与え、また戦後日本社会における「国家神道」のイメージとして受け継がれていくことになる（藤田大誠「「国家神道」概念の近現代史」、山口編、二〇一八）。

敗戦直後の一九四五（昭和二〇）年にGHQが発令した「神道指令」、すなわち「国家神道、神社神道ニ対スル政府ノ保証、支援、保全、監督並ニ弘布ノ廃止ニ関スル件」において、「国家神道」は、「日本政府ノ法令ニ依テ宗派神道或ハ教派神道ト区別セラレタル神道ノ一派即チ国家神道乃至神社神道トシテ一般ニ知ラレタル非宗教的ナル国家的祭祀トシテ類別セラレタル神道ノ一派（国家神道或ハ神社神道）」と定義される。他方で「教派神道」は「一般民間ニ於テモ、法律上ノ解釈ニ依テモ又日本政府ノ法令ニ依テモ宗教トシテ認メラレテ来タ（十三ノ公認宗派ヨリ成ル）神道ノ一派」と定義されている。

このように神道指令において「国家神道」とは、「宗教」としての「教派神道」とは区別された「非宗教」としての「神社神道」と同定されており、法制度的裏付けによる戦前以来の構図を基本的に引き継いでいるといえる。しかし他方で神道指令の冒頭では、指令を発するに至った経緯が、「神道ノ教理並ニ信仰ヲ歪曲シテ日本国民ヲ欺キ侵略戦争ヘ誘導スルタメニ意図サレタ軍国主義的並ニ過激ナル国家主義的宣伝ニ利用スルガ如キコトノ再ビ起ルコトヲ妨止スル為ニ」などと説明されていた。

すなわち神道指令は、まさに敗戦直後という状況のなかで、日本を破滅的な戦争に導いたとされる「イデオロギー」を除去し、日本国民を「再教育」することを目的として発せられたのであった。したがって神道指令全体においては、「国家神道」がこの「イデオロギー」を含んでいたことが漠然と示されている。神道指令における「国家神道」の概念は、単なる「神社神道」にとどまらず、イデオロギー的領域をも包含する振幅を持っており、それゆえ「教派神道」との関係性に関しても別の解釈をもたらしうる可能性をはらんでいた。

「国家神道」をめぐる議論

このような「国家神道」概念が有していた可能性を推し進め、学界や一般社会へとそれを普及させた役割を果たしたのが宗教学者の村上重良であった。村上はとりわけ一九六〇年代から七〇年代にかけて、「国家神道」をめぐる啓蒙的著作や論考を次々と発表していった。

そのなかで村上は「国家神道」を、「近代天皇制国家がつくりだした国家宗教であり、明治維新から太平洋戦争の敗戦にいたる約八〇年間にわたって、日本人を精神的に支配した」（村上、一九七〇）と明白に定義している。村上は国家神道が「皇室神道」と「神社神道」の結合によって成立したととらえ、国民支配のイデオロギー性を有する「宗教」であったとする。他方で村上は国家神道が終始自らを「非宗教」と僭称していた所以を、原始的共同体祭祀としての性格を色濃く残した神社神道の「特異な性格」に求める。その性質ゆえに、原始的民族宗教への「回帰」というフィクションが「近代的なネーション段階の国民意識をつくりだす梃子となった」というのである。

他方で村上は「教派神道」の一部に、幕末維新期における封建制解体を背景として、「神道的基盤」から発生しつつも「民族宗教」から脱しはじめた民衆主体の「創唱宗教」を見出す。その代表例が金光教と天理教である。村上はそれらを「民衆宗教」と呼び、その「進歩的な思想」や「開明性・合理性」を高く評価した（村上重良『国家神道と民衆宗教』吉川弘文館、一九八二）。

このように村上にとって「民衆宗教」は、「国家神道」の陰画《ネガ》としての役割――ありえたかもしれない近代的宗教としての役割を果たしていた。したがって逆に明治三〇年代に金光教と天理教が「教派神道」として公認されたことは、「天皇崇拝と国家神道的教義を受けいれることによって、ようやく公認教の地位を与えられた」（同前）などと叙述されることになる。村上の言説においては「国家神道」概念が単なる法制度上の範疇を超えているがゆえに、「教派神道」との関係も「国家神道」による従属の強制と抑圧というイデオロギー的問題としてとらえ直されるのである。

このような村上の明快な言説は、「国家神道」という概念を一般に普及させた一方、概念の恣意的使用に基づく議論としてつとに葦津珍彦らから批判を受け続けてきた。「国家神道」を、他の「宗教」とは区別され国家によって管理された神社神道とする定義に基づき、阪本是丸らによって実証的制度史研究が積み重ねられる一方で、村上説を修正し、発展させる試みも行われ、とりわけ島薗進のように皇室祭祀を中核として村上国家神道論を「鍛え直す」という立場も提起されている。

ただ現在の研究状況としては、近代日本を支配した巨大な「国家神道」を想定する村上の言説は、戦時中の体験を近代全般に敷衍したものであり、また一九六〇年代から七〇年代における靖国神社国家護持運動などの保守派の動向との闘争という政治的文脈を多分に反映していることが、おおむね前提として共有されている（山口編、二〇一八）。そこには、理論や概念そのものの歴史的文脈に自覚的たらざるをえないという現代の宗教史研究の潮流も関係していよう。

以上の研究状況をふまえるならば、村上の議論の問題点をあげつらうことは屋上屋を架す営為に過ぎないのかもしれない。しかし「国家神道」による「教派神道」の従属という村上の描いた構図は、後続の研究においても一つの原型として作用し続けてきた。したがって本章ではあえて村上の言説を念頭に置きつつ、その国家神道論を前提としないことで、明治三〇年代の金光教と天理教の独立をいかにとらえ直すことができるのか試みてみたい。無論そこでは教団の社会的実態も重要な問題であるが、本章ではむしろ教義の整備に焦点を合わせる。なぜなら村上にとって、独立に際しての教義の再編こそ、「国家神道」への従属のあかしとされたからである。

二　内務省神社局の成立と教派神道の独立

天理教と金光教の独立過程を見ていく前に、まずその前提となった当時の歴史的背景を瞥見しておく必要があろう。遠藤潤は明治維新とともに始まった大教宣布運動と呼ばれる一連の国民教化政策は、それまで存在しなかった「神道」の教団形成をもたらしたことを指摘している（以下、遠藤、二〇〇四を参照）。たとえば一八七二（明治五）年に教部省により教導職制度が設置され、神官が僧侶とともに国民教化に従事する教導職へと任命されたことは、神官が初めて僧侶と共通する組織編成に置かれたことを意味していた。一八七三（明治六）年には神官の教導職が「神道教導職」と総称されることになり、一つの組織としての「神道」が法令上で想定されるようになっていく。

他方、僧侶や神官以外の人々により結成されていた宗教的集団である講社に関しては、一八七二（明治五）年の「教部省事務章程」により結成に免許を要することとなったが、それは政府により講社が公認されることも意味していた。また同年に出された「教会大意」により、講社を教会とする手続きも制定された。こうした制度のもとで、特定の神社を崇敬の対象とする信者組織としての講社・教会が結成される一方、神社と直接的関係のない集団が講社・教会としての公認を得て活動していくようになった。

やがて島地黙雷らによって率いられた真宗諸派が、信教自由論に基づき大教院分離運動を起こし、結果的に一八七五（明治八）年には教導職の中央組織であった大教院が解散。神仏合同布教も中止となる。こうした状況のなかで神道教導職の側は自らの中央組織として神道事務局を設立し、「神道」の組織の再編成を進めていった。その過程で一八七六（明治九）年に神道黒住派と神道修成派が神道事務局から別派として独立し、後の教派神道一三派を構成する教派の独立が始まる。

しかし一八八〇（明治一三）年から一八八一（同一四）年にかけて、神道事務局神殿の祭神として大国主神を表名合祀するか否かをめぐって出雲派と伊勢派のあいだに対立が生じ、いわゆる祭神論争が行われた。

祭神論争は最終的に宮中三殿の遥拝を命じる勅裁によって幕引きされるが、「神道」の教義的不統一を目の当たりにした政府は、宗教としての「神道」による国民教化の路線を放棄し、政教分離の方向性を強めていった。その結果、一八八二（明治一五）年には「祭教学分離」と後に呼ばれる変化が起こることになる（藤田、二〇〇七）。

それは第一に、「神官教導職分離」と呼ばれるように、官国幣社の神官と「宗教」的教化を担う教導職の兼担が禁止され、両者が分離されたことであった。すなわち、神社祭祀が政治や道徳の領域に属するものとされ、神社、とりわけ官国幣社と「宗教」との分離が徹底された。

第二にこうした領域の確定を受けて、一八八二年五月には神道の教会が派名を称することが許可され、神道神宮派、神道大社派、神道扶桑派、神道実行派、神道大成派、神道神習派が神道事務局から一派として独立し、また同年中に御嶽教会が神道御嶽派として神道大成派から独立している。一八八四（明治一七）年に教導職制度そのものが廃止されると、神道事務局も「神道」（神道本局）という一つの神道教派となった。

また第三の変化として、宗教としての「神道」と学問との分離も行われ、そのような学問としての国学を教える機関として皇典講究所や神宮皇學館が設立された。

「祭教学分離」と呼ばれる以上の変化を経て、政府は神社に対する財政援助を削減する政策をとっていった。そのような状況を受け、神社界の側では神祇官興復運動が起こり、神社非宗教論を受け入れつつ「国家の宗祀」としての神社の内実の回復が目指されていく。一八八九（明治二二）年の大日本帝国憲法の公布、翌一八九〇（同二三）年の教育勅語の渙発を経て、一九〇〇（明治三三）年、内務省神社局が特立し、教派神道、仏教、キリスト教は内務省宗教局が管轄することになる。これは一面で神祇官興復運動の結実であるとともに、神社非宗教論の制度的な確立でもあった。それゆえこの神社局の特立をもって「国家神道」の制度が確立したとする見方もある。

他方、一八九四（明治二七）年には神理教と禊教も別派独立を果たした。一九〇〇年に金光教、一九〇八（明治四一）年に天理教が独立する一方、神道教派の一つであった神宮教が一八九九（明治三二）年に「非宗教」の財団法人・神宮奉斎会となり、いわゆる教派神道一三派が確立することになる。

一三派の確立に至る以上の過程からわかることは、「神道」や「宗教」なるものの意味やその組織体制が最初から確定していたわけではなく、様々な模索と変化のなかでそれらが形成されていったということである。そのようななかで各神道教派も独立していったのだが、その源流となった講社・教会の多様性に対応して、各教派に含まれる宗教の内実は様々であった。たとえば出雲大社教は出雲大社という特定の神社が基盤となって成立した教派であり、扶桑教や御嶽教、実行教は山岳信仰の講が源流となって成立した教派である。神道大成教は平山省斎が近代化にともなう変化に対応しつつ、様々な宗教的集団を包摂していった教派であった。それらに対して黒住教、金光教、天理教は、ある一人の「教祖」によって新たな教えを持つ共同体が立ち上げられたという経緯の「創唱宗教」的性格を有していた。とりわけ金光教と天理教は他の教派とは異質な教義と実践を有していたがゆえに、独立には困難がともなうことになった。

三　金光教の独立過程

佐藤範雄と金光教の独立

教派神道としての金光教は、赤沢文治（金光大神、一八一四〜一八八三）の教えに基づく共同体を源流とする。赤沢は備中国浅口郡占見村に生まれた農民であったが、子供の死や自らの病などの不幸に見舞われるなかで、実弟に憑依した金神からの託宣を受ける。当時祟り神として恐れられていた金神は、人々の信心に応えて救いを与える「金乃神」として自らを示し、赤沢もまた神の声を聞き取るようになった。とりわけ一八五九（安政六）年、「世間になんぼうも難儀な氏子あり、取次ぎ助けてやってくれ。神も助かり、氏子も立ち行き」といういわゆる「立教神伝」を受けた赤沢は、農業をやめ、「金光大神」として人々に教えを広めていった。

このような赤沢の教えにおいて、村上重良らが「国家神道」と対比しつつ強調した特徴は次のような点であった。第一に、「おかげは和賀心《わがこころ》にあり」（「天地書付」）といわれるように、神に対する個人的・内面的な信仰の重要性を説いたこと、第二に、日柄や方位による吉凶といった民衆の俗信を否定した点、第三に、「人には上下《かみしも》があるが、神には上下がない。人間はみな同じように神の氏子じゃによって、見下したり汚がったりしてはならぬぞ」（『金光教祖御理解』）と述べているように、あらゆる人間を天地金乃神の「氏子」としてその平等を説いたこと、第四に政治権力と同化するのではなくむしろそれと距離を置き、「政教分離」

を志向したとされる点である。以上のように村上らの言説においては、「国家神道」と対比される金光大神の教えの「合理性・開明性」こそが評価の対象となった。

赤沢は近世段階では白川家から神職としての許状を得て、「金神社」を設立するが、一八七二（明治五）年にはその神職としての資格が剥奪される。明治期に入って金光教の教勢は全国規模で拡大する一方、官憲による妨害にも直面した。そのような状況下で、とりわけ赤沢の死後、弟子たちが布教の合法化を目指して組織化を進めていった。それは当初、既存の教派の講社として活動の公認を受ける形をとった。

このような布教の合法化から一派独立に至る教団の組織形成において中心的役割を果たしたのが、赤沢の直弟子の一人、佐藤範雄（一八五六〜一九四二）であった。佐藤は赤沢の没後、一八八五（明治一八）年に神道本局備中分局所轄の神道金光教会を設立し、各地の講社を結収していく。一八八八（明治二一）年には金光教会を神道本局の六等直轄教会へと昇格させることにも成功する。そして前述のように一九〇〇（明治三三）年には神道本局からの一派独立を実現させたのである。

金光教の独立にあたって内務省社寺局から要求された事項のなかには教義の整備が含まれていたが、佐藤は金光教の組織化とともに教義面の整備にも早くから着手していた。とりわけ独立の際には井上頼圀《よりくに》（一八三九〜一九一四）ら国学者の助力も仰いでいる。そのため佐藤は金光教の「国家神道」への従属を進めた人物として否定的に位置づけられることもしばしばあった。近年では近代教団としての組織化を進めた佐藤のリーダーシップを再評価する研究も出てきているが（藤井、二〇一六）、ここでは「国家神道」との関わりという観点から教義の問題について改めて着目したい。

金光教の「神道」化に関しては、しばしば佐藤範雄の国学の素養が取りざたされてきた。佐藤はそもそも一八五六（安政三）年、備後国安那郡神御領村の貧農の家に生まれ、大工を務めるかたわら赤沢文治のもとに入信した人物である。自叙伝である『信仰回顧六十五年』によれば、佐藤が国学に触れたのは、金光教に入信した直後の一八七七（明治一〇）年に遡るという。当時佐藤が居住していた安那郡で小学校校長を務めていた長岡宣が、佐藤の信仰との関連で、「神信心する者には大切な書である」として、平田篤胤の『玉襷』を読むように勧めたのだという。

やがて自らも神の「取次《とりつぎ》」により病気治しを行うようになった佐藤のもとに人々が集まるようになり、「是れでは神様の学問をせねばならぬ」という考えを抱いたと佐藤は述べている。そこで佐藤は一八七八（明治一一）年、遠縁であり、小寺清之と大国隆正に師事した国学者の黒坂昌芳に入門し、日本書紀や古事記について学んだ。このような国学の素養も手伝ってか、一八八〇（明治一三）年に佐藤は教導職試補試験を受け、合格する。その後試験官であった中島年光から『霊能真柱』など平田篤胤の著作を借覧し、さらに国学の学習を続けていった。

佐藤は一八八二（明治一五）年には金光教を一派独立させる決意を抱き、安那郡神道支局副長でもあった前述の長岡宣に相談する。長岡の紹介を受け、佐藤は沼名前神社の宮司であった国学者・吉岡徳明のもとを訪れた。吉岡は元来天台宗の僧侶であったが、平田篤胤の著作に触れたことを契機として還俗し、国学者になった人物であった。「一派独立教として立つやう其の筋へ願ひたいが、御尽力を乞ふ」と述べた佐藤に対し、吉岡は「それは成らぬ事はあるまい。信条といふ教義の書いたものを見たい」と答えた。その後赤沢文治の許可を得た佐藤は、金光萩雄と協力し、戦前の金光教の中心的教典となる文書の編纂に着手する。

佐藤のこのような学習の延長線上に、井上頼圀への入門もあったと思われる。井上は平田篤胤の後継者であった平田銕胤や権田直助に学んだ平田派の系統の国学者である。幕末には尊王攘夷運動に参加するが、維新後はむしろ矢野玄道ら神学的傾向の強い平田派国学者が活躍の場を失っていくのとは対照的に、『古事類苑』の編纂や皇典講究所の設立など、考証的な国学によって社会に重きをなした人物であった。その点で井上は、実証的古典研究による国家への寄与を目指した「近代国学」（藤田、二〇〇七）の中心的人物として位置づけられることもある。佐藤は一八九五（明治二八）年に入門して六国史や宣命、万葉集、延喜式などの古典を学び、また一九〇六（明治三九）年に「再入門」を果している。

以上のように佐藤範雄は国学、特に気吹舎《いぶきのや》（平田派）の系統の国学を深く学んでいたことがわかる。

佐藤範雄による教義の整備

このような学問的背景を持つ佐藤の主導により、金光教の教義は整備されていった。前述のように佐藤は一派独立を視野に入れて一八八二（明治一五）年から後に教典『慎誡（神誡）』となる「日々の心得十二か条」、及び『神訓』としてまとめられる「道之教之大旨」、「信心の心得」を編纂した。その背景にあった問題意識は、一八八九（明治二二）年に独立の申請手続きを行った際の「別派独立請願理由書」からわかる。

理由書によれば、独立を申請する理由は「金光教は奉教の主神及び教義に於て神道本局と相径庭するところ尠《すくな》からず」という点にあった。前述のように神道事務局から多数の神道教派が独立した後、神道事務局自体も「神道本局」（後の神道大教）という一つの神道教派となった。そこで定められた教規により所属教会に対して「宮中所斎の神霊……特に天之御中主神　高皇産霊神　神皇産霊神　伊邪那岐神　伊邪那美神　天照大御神　須佐之男神　皇孫命　大国主神　天津八百万国津神　八百万神」という主祭神が強制されたことが、金光教の一派独立を目指した所以だと理由書は説明する。このように天御中主神・高皇産霊神・神皇産霊神のいわゆる「造化三神」や天照大神など、記紀に記載された神、そして平田国学において信仰されていた神とは異なる主祭神への信仰を保持することが、金光教が独立を目指した一つの理由だった。

教典の内容に関していえば、「日々の心得十二か条」（『慎誡』）、そして初期の『慎誡』の注釈である『慎誡正伝之弁』に見られる特徴として、第一に天皇に対する忠誠の強調が挙げられる。たとえば「日々の心得十二か条」では、筆頭の戒めとして「神国の人に生れて神と皇上との大恩をしらぬ事」が挙げられている。第二の特徴として、日月の神と「金乃大神」の働きに関する神学的解釈が見て取れる。とりわけ「金乃大神」に関して「道之教之大旨」では、「抑此天地は金気の大徳に因るものそ　土は則金気の凝るものなり」などと、「土」と金乃大神の「金気」の関係をめぐる神学が説かれる。

このような神学は無論赤沢文治の教えに見られるものではなく、近世の神道教説である垂加神道の「土金之伝」を参照したものと推測される。赤沢の教えは祟り神として恐れられていた金神の神格を、救済の神として転回したことから出発していた。佐藤はその教えを、元来別系統の教説である垂加神道の神学により体系付けようとしたのだろう（加藤実「「迷信打破」教義の成立と展開」『金光教学』三四号、一九九四／北林秀生「教団草創期における教義表明の諸相」『金光教学』四〇号、二〇〇〇）。

しかし独立を経て『慎誡（神誡）』、『神訓』としてまとめられた教典では、天皇崇敬の強調は依然として保持される一方、金乃大神をめぐる神学は大きく変化している。たとえば独立認可後に「道之教之大旨」と「信心の心得」をまとめて刊行した『神訓』では、前述の「金気」と「土」の関係をめぐる文言が削除され、代わりに「今月今日で一心に頼め。おかげは和賀心《わがこころ》にあり」、「神は昼夜も遠きも近きも問わざるものぞ、頼む心にへだてなく祈れ」などと、普遍的な神に対する内面的信仰を説く条文が新たに挿入されている。また独立後に『慎誡正伝之弁』を改稿して刊行された『神誡正伝』でも、やはり「金気」に関する神学が削除され、世界を主宰する「天地金乃神」の普遍的神格が強調されている。

北林秀生が指摘しているように、こうした教典上の変化の背景には、独立に際して内務省の考証官であった荻野仲三郎からなされた質問が要因として働いていたと考えられる（北林前掲論文）。荻野の質問は、大別して、「金光教ハ神ニ対シテ一神教カ多神教カ万有神教カ」などという宗教学的枠組みを背景とする問いと、「金乃神ハ神典上ノ何神カ」といった記紀などの古典との整合性をめぐる問いに分かれる。

前者の問いに関しては、北林が明らかにしているように荻野は宗教学の宗教進化論の枠組みを背景として、高等な「文明教」の登場を待望する考えを持っており、独立後の教義に見られる金光教の一神教的な側面の強調は、こうした荻野の期待に応えるものであったと考えられる。金光教における元来の信仰対象であった三神と一神教的な信仰との整合性といった問題はその後の金光教においても議論の的となっていくが、佐藤は『天地の大理』（一九〇五）などの教説書で、金光教の「文明教」的性格を積極的に喧伝し、教義の近代化を進めていったのだった。

教義の整備と国学の学識

他方、荻野は教義と古典との整合性についても問うていた。そこには当然古典研究を中心とする国学の知識が関わってくる。事実、独立が認可された後に佐藤が提出した「金光教会別派独立請願復命書」には、「此請願ニ対シ隠然文学考究上ニ力ヲ協セラレシハ、芳賀矢一、井上頼圀、逸見仲三郎ノ諸氏ナリトス」とあり、詳細は明らかでないものの井上やその周辺の「近代国学」の担い手たちが教義の面で佐藤に協力していたことがうかがえる。

その点に関しては、当時国学的な古典の知識が果たしていた役割を考慮に入れる必要があるだろう。一八九五（明治二八）年に成立した教派神道の「教師検定条規」では、神社の神職と同様、神道の教師となるために国学の学識が求められていたことがわかる。すなわち祭教学分離後も神社神道と教派神道をつなぐ結節点として国学が機能していたのであり、記紀などの古典の知識が「神道」の共通する基盤とイメージされていたのである（武田、二〇一八）。

前述の荻野の質問は、そのような古典との整合性を問うたものと考えられる。それに対して佐藤は「此の神の神号は記紀二典に顕れ給ふ所の天津日大神及び月の大神と国常立神との御功徳を尊崇して御神伝により て教祖がかく天地金乃神と尊号を合称せられたる所なり」（「神号説明」）などと回答し、国学的学識に基づく回答を提示している。

このような教義の再編は、「神道」に合わせた歪曲であるといえるかもしれない。だが当時「神道」の内実が一義的に決まっていたわけではなく、様々な解釈の振幅をはらんでいたことにも留意すべきであろう。独立を目指した当初の佐藤は、垂加神道的な神学を援用して金光教の教理を体系化しようとしていた。その垂加神道に関して、平田篤胤は「牽強附会、耳トツテ鼻《ハナ》カムヤウナ説ヲ立テ、シヤラクサク、チヨコザイナル、私ノ新治道《ニヒバリミチ》ヲ建立イタシ……」（『俗神道大意』）と述べ、古典から逸脱した牽強付会の教説であると批判している。国学の理解の深まりがあったためか、独立の前後を境として佐藤も秘教的な神学を放棄し、むしろ実証的な古典の解釈を採るようになっていく。

実のところ、佐藤が国学を重視していた理由の一つは、その実証性にあった。前述のように佐藤は一九〇五（明治三八）年に井上に「再入門」するが、それはいまだ方位などをめぐる俗信が社会に絶えないなかで、陰陽道の研究を志したためであった。「誰れか此の迷信を学問の上から説破する人あらば、お知らせを願ひたし」と問うた佐藤に対し、井上は「それは吾が教へてやる」と答え、さらに篤胤の『三暦由来記』を読むように佐藤に勧めたのであった（『信仰回顧六十五年』）。このような国学の学習に基づき、佐藤は明治末期から「迷信打破」という金光教のスローガンを掲げるようになる。佐藤において「宗教」としての近代化と国学の実証性は通底するものだったのである。

前述のような佐藤により編纂された教義に見られる天皇崇敬の強調もまた、国学の摂取により「国家神道」のイデオロギーに引き付けた歪曲という印象を与えるかもしれない。実際一九一八（大正七）年に佐藤が尽力した『平田篤胤全集』の刊行が完遂した際、奉告祭の講演において佐藤は平田国学と金光教の関係に触れ、「金光教の教義の大本は神皇二大恩を教ふるのであるが故に、自分の信仰と平田先生の書とは大旨相合致するので、為に精神上何の障る所もなく嬉しく進むことが出来ました」と述べている。

佐藤はさらに篤胤について、「大学者と謂はんよりは皇国学問の生神様」であるとし、「斯くて範雄の青年期は、金光教祖の道の信仰と、平田先生の著書とに依って、確固不抜の基礎を為くる事を得ました」と述べる（『信仰回顧六十五年』）。このように佐藤は「神と皇上との大恩」（『神誡』第一条）を説くという点に赤沢と平田国学の共通性を見出していた。こうした教えは前述のように『慎誡正伝之弁』などの段階で説かれていたが、独立後の『神誡正伝』においても一貫して説かれ、「皇国に住居したる人民は吾々幾先祖よりか其歴代の天皇様の厚き皇恩の蔭を載きつつ安国の心安く皇国に生存を遂げて吾人御互の身に及び」などと記されている。

こうした佐藤の教義解釈は無論赤沢の教えと同一視すべきではなく、そこには国学の尊王思想の影響もあるだろう。だが幕末維新期にかけて平田国学が果たした社会的役割を考慮するならば、赤沢の教えとの差異は必ずしも絶対的なものでないことがわかる。宮地正人は幕末維新期において平田国学がその受容層であった在地の豪農商など中間層の人々に、近世の身分制を超え「御国《みくに》の御民《みたみ》」として政治に参与する意識を覚醒させたことを明らかにしている（宮地正人「伊吹廼舎と四千の門弟たち」『別冊太陽　知のネットワークの先覚者平田篤胤』平凡社、二〇〇四）。また幡鎌一弘は天理教のような民衆宗教形成の背景に明治維新以降の「国民」としての個人の析出があったことを指摘する（幡鎌、二〇〇二）。

佐藤が表白していたような前述の「皇国」の民としての意識には近世的な身分制を超えるという側面があったのであり、その点で同じく幕末維新期にあらゆる人間の平等を説いた赤沢文治の教えと共通する社会的基盤を有していた。これらの点に鑑みれば、佐藤による教義解釈は単なる「歪曲」ではなく、背景には近代化が進みゆく時代の複雑な内実があったと考えられる。

四　天理教の独立過程

天理教の独立と「明治教典」

金光教に引き続き天理教も神道教派として一九〇八（明治四一）年に独立を果たすことになるが、その道行きはより困難なものとなった。そもそも天理教は中山みき（一七九八〜一八八七）の教えに基づく共同体を源流とする宗教である。みきは大和国山辺郡三昧田村の庄屋の家に生まれ、長じて庄屋敷村の庄屋の家に嫁いだ。しかし家庭の不幸を経験するなかで神懸かりとなり、「てんりんわう」（後の天理王命）という神の言葉を伝え始める。その言葉はやがて「おふでさき」という形で文章化されていった。

みきによれば神は人間の「陽気ぐらし」を見て楽しむべく人間という存在を作り出したのだが、現実の人間は「心のほこり」によって本来のあり方を失っている。そこでその「ほこり」を払い、世の「立てかえ」により再び「陽気ぐらし」を実現するため、神はみきを遣わしたのだという。後の天理教につながる教団が拡大していった背景には、「をびやゆるし」と呼ばれる安産守護の呪術や、病気治しなどが大きな要因としてあったが、前述の村上重良らはみきが終末意識を背景として「大社」「高山」と呼ばれる権力者を批判し、「せかいぢう　いちれつわみな　きよたいや　たにんとゆうわ　さらにないぞや」（『おふでさき』）と語られているように、あらゆる人間の平等を説いた点を評価していた。

みきは近世においては吉田家から裁許状を受けて活動していたが、明治期に入ると金光教と同様、官憲からの弾圧を受けるようになる。天理教もまた当初は他の神道教派の傘下に入って活動を続け、やがて神道本局に所属することとなるが、一八九九（明治三二）年より一派独立を目指す運動が始まる。しかし内務省宗教局への一派独立請願書の提出は五回にも及び、一九〇八（明治四一）年にようやく独立が認可されるに至ったのだった。

天理教において独立運動の中心となったのは松村吉太郎だった。天理教の最初の独立請願書提出は金光教とほぼ同時期だったが、それは宗教局に受け入れられるところとならず、却下された。独立請願委員であった松村らは当時宗教局の局長であった斯波淳六郎にかけあったが、「教義もなっておらん、組織がまるでないじゃないか。十分の準備をしてからでないと、話に乗れん」と拒絶されたという。かくして「教義の整備」と「組織の整備」が天理教においても進められることになった（松村吉太郎『道の八十年』）。

このような宗教局の天理教に対する対応を、金光教に対するそれと比較することでわかるのは、天理教が独立が認められなかったのは「国家神道」に反していたからではなく、むしろ金光教のような近代的「宗教」としての教義と組織を欠落していると見なされたからだということである。それは天理教がしばしば迷信的医療を禁ずる違警罪により摘発されていたこととも合致する。

金光教の場合は佐藤範雄により教義の整備がなされていったが、松村は「本部にはその人がいない」という状況であったため、「外部にその人を求めるより外はない」と判断し、中西牛郎《うしろう》と逸見《へんみ》仲三郎《なかさぶろう》、そして金光教と同じく井上頼圀に、教義整備の協力を仰ぐことになった。そして一九〇〇（明治三三）年に『天理教教規』、『天理教教典』、『御神楽歌釈義』、『教典釈義』などを編纂し、宗教局に提出した。しかし天理教の教典は容易には認められず、それが修正を経て宗教局により承認されたのは一九〇三（明治三六）年になってのことだった。この教典は戦後「復元」運動により新たな教典が編纂されるにしたがい、「明治教典」と呼ばれることになる。

「明治教典」の内実

それではこのようにして成立した教典の内容はどのようなものであったのだろうか。明治の『天理教教典』は、まず「万物の生成化育」は「神明調節の天理」によるものであるとし、その上で、こうした神の働きを表わす代表的な神格として、「国常立尊、国狭槌尊、豊斟渟尊、大苫辺尊、面足尊、惶根尊、伊弉諾尊、伊弉冉尊、大日孁尊、月夜見尊」の「十柱《とはしら》の神」を挙げ、「之を総称して天理大神と云ふ」としている（『天理教教典』）。一〇柱の神はみきの説いていたところであったが、みきの教えでは「たいしよく天のみこと」が含まれるなど、より民俗宗教的な神仏習合の色彩を持つものであった。それがここでは『日本書紀』神代巻の冒頭において、天地開闢後に現われる神々に統一されている。その点で、このような教義がみきの教えの改竄であり、その「神道」化を進めたものであることはいうまでもない。

しかし金光教の場合と同様、天理教も古典を「神道」の基盤として想定した上で、それに即した教義の修正を行っている。それは神道本局の主要な奉祭神である天照大神や造化三神ではなく、「十柱の神」を信仰の対象とすることで、古典に則りつつ神道本局との差異を正当化する戦略でもあっただろう。

このような教義の修正が、画一的な「神道」への同化でなかったことは、教典の編纂に関与した井上頼圀の天理教に関する解釈からうかがえる。頼圀は一九〇二（明治三五）年に天理教校で演説を行っており、そのなかで頼圀は天理教で言われる「天理」が「天津神様」の立てた「天津道」であるとし、その内容は「君《くん》臣父子夫婦兄弟《しんふしふうふけいてい》の道《みち》即ち人倫五常の道」であると述べる。さらに頼圀は「天津神は何もかも世界中のものは悉《ことごと》く御造りになつた故《ゆゑ》これから諸君が強ひて此道を行ふた時には世界に行《ゆ》き渡るのである」とし、この世界を創造した「天津神」によって「天津道」が確立されたことが、その普遍性を担保していると解釈する。教育勅語でいわれる「之ヲ古今ニ通シテ謬ラス之ヲ中外ニ施シテ悖ラス」とはそのことを指しているというのである（「井上頼國先生の演説の大略」『みちのとも』一二五号）。

このような頼圀の考えは、中垣孝雄との共著である『教育勅語模範講話』（一九〇九）のなかでより詳細に述べられている。同書では日本の「神代」が「西洋の神話などのやうに、想像を以て作成《つくりな》したものではなくて真であります」とされ、天照大神は万物の化育を担う神であるとされる。そして「我が国歴代の天皇は、此の大神の直系の御子孫で、今日日本国民の戴く所の天皇陛下は、実に天照大神の御現身であります」と述べる。教育勅語の冒頭に出てくる「皇祖」という言葉は「天照大神から神武天皇までの御方々」とされ、「皇祖皇宗と日本国民との関係」は「一本の樹の根と幹と枝葉との様なもの」と説明される。

教育勅語において道を確立した主体とされる「皇祖」を、天照大神に代表される「天神」と見なすこうした解釈に鑑みれば、頼圀は「国家神道」の教典としての教育勅語に即して天理教の教義を改変したと受け止められるかもしれない。だがしばしば指摘されるように、教育勅語の作成に携わった井上毅は、「此勅語ニハ敬レ天尊レ神等ノ語ヲ避ケザルベカラズ」（一八九〇年六月二〇日付山県有朋宛書簡）と述べ、勅語から可能な限り宗教性を排除しようとしていた。また井上哲次郎の『勅語衍義』稿本に対する井上毅の意見からは、井上が教育勅語中の「皇祖」をあくまで神武天皇ととらえていたことがわかる（齊藤智朗『井上毅と宗教』弘文堂、二〇〇六）。

記紀の神話を事実とし、教育勅語で説かれている道徳の普遍性を「天神」の普遍性によって担保しようとする頼圀の発想は、むしろ平田国学によるものというべきであろう。すなわち頼圀はあくまで平田派の神学に基づいて勅語を解釈しており、それは必ずしも教育勅語を策定した政府側の意図に沿うものではなかった。そして頼圀は天理教の教義も平田国学の神学に引き付けて解釈している。

ここから浮かび上がるのは、政府と頼圀のような国学者と天理教の、それぞれの意図が交錯しているという事態である。そこではたしかに「神道」的なものが問題になっているが、「国家神道」による教義の改変という一方通行の関係ではなく、「神道」という場のなかで各自の意図を実現しようとする複雑な関係性であったことがわかる。

五　「三教会同」と教派神道

三教会同の開催

日露戦争（一九〇四～一九〇五年）を経た明治末期に、近代日本の国家と宗教の関係は再び転機を迎えた。一九〇八（明治四一）年には戊申詔書が出され、戦後の地方社会の荒廃と財政難を受けて、内務省官僚の主導により「地方改良運動」が行われたのである。それは町村財政の再建を目指した運動であったが、同時に「神社中心主義」と呼ばれるように、神社を地域教化の中心とする施策も行われていった。その過程で地域社会での神社参拝の強制も徐々に見られるようになっていく。

こうした動きと並行して、一九一〇（明治四三）年の大逆事件や社会主義、無政府主義の広まりを受け、床次竹二郎《とこなみたけじろう》内務次官は「三教会同」を企画する。それはキリスト教・仏教・神道という「三教」の代表者を招き、宗教間の融和と国家との協働を宣言するという催事であった。

一九一二（明治四五）年の二月二五日から二六日にかけて、内務大臣・原敬の主催により、東京の華族会館にて「三教会同」は開催された。そこには金光教や天理教の代表者を含む三教の関係者七一名が参加し、「吾等は各々其教義を発揮し皇運を扶翼し、益々国民道徳の振興を図らん事を期す」、「吾等は当局者が宗教を尊重し政治宗教及び教育の間を融和し国運の伸張に資せられんことを望む」という二点を共同宣言として決議した。

このような日露戦争以後の段階を村上重良は「国家神道」の「制度的確立期」と呼び、その一端である三教会同を、各宗教の代表者が「国家神道体制への忠誠を表明した」出来事と位置づけている（村上、一九七〇）。だが実際のところ三教会同を企画した内務省官僚の側はどのような意図を有し、そして教派神道の側はそれをいかに受け止めたのだろうか。

三教の代表者たちによる決議を受けて、三教会同を企画した床次竹二郎は次のような演説を行った。床次は決議に対する満足の意を表明し、「この度会同を催したる主意は、政府と宗教家と密接に気脈を通じて、国家の為に働くと云ふ事を第一とし、而して宗教家の働きを益々多からしめたいと云ふに外ならぬのであります」と述べる。世の中には欧州の近代化が科学の力によるもので宗教の力ではないという批判があるが、「私は世間の此の批難の言に対し、試みに欧州文明より宗教を除き去つたならば、如何《どう》であらうかと云ふのであります」と床次は反論する。

当時の社会ではすでにキリスト教を近代文明の象徴と見なす考えは説得力を失いつつあったが、床次は自らの欧州遊学の経験に基づき、むしろキリスト教という宗教こそがヨーロッパの「文明」の背景にあると考えていた。そして「三教会同」のような機会を通して国家と宗教の関係を強化し、日本の「文明」化を進めようと考えていたのである。

他方で床次は宗教にしばしば見られる「平等」の教えに注意をうながし、「この平等のみに偏しますと、忠君愛国と云ふ事に不都合が生じます」と述べる。これは従来の「忠君愛国」を説く国民道徳の延長線上にあるが、ことさらに「平等」を警戒する点には、無政府主義や社会主義の予防という意図がうかがえる(『三教会同と天理教』)。

以上のように床次は諸宗教の「国家神道」への従属や「神道」化を進めようとしていたのではなく、むしろ国家と宗教の協調による「文明」化、近代化を推進しようとしていた。無論その際には国体論や国民道徳の遵守が前提となっていたが、それも社会主義や無政府主義の広まりという状況を反映している。

教派神道による応答

それではこのような意図のもとで開催された三教会同を、「教派神道」として独立していた金光教と天理教の人々はどのように受け止めたのだろうか。『三教会同と金光教』(一九一二)のなかで、高橋正雄は会同が「政治的見地より云はば至当の計画である」としつつも、宗教家自身の働きよりも各官衙を通じて宗教の必要性を社会に伝えた方が効果的であるとし、また教義の修正による諸宗教の提携は「教祖の人格及信念を基礎とせる教義を其生命とせるが故に」不可能であると述べ、一定の批判を加えている。

その上で高橋は、三教会同の結果として諸宗教は社会の要求に応えるべく「教義の実力戦」を展開することになると予想し、そこで最終的に金光教こそが「将来日本の事実上の国教」になると主張する。なぜなら第一に金光教は「神国の人に生れて神と皇上との大恩を知らぬ事」と『神誡』にあるように、「信忠一致の道」を説いているからである。しかしそれだけではなく金光大神は「神は昼夜も遠きも近きも問はざるものぞ信頼心に隔なく祈れ」と説き、また「天が下に他人と云ふ事はなきものぞ」と説いていた。このような「絶対普遍の信仰」と「世界的博愛」の教えこそが金光教の国教たるべき所以だと高橋は論じる。なぜなら

「今後の日本は日本のみの日本にあらず、実に世界の日本である」からである。

　ここで高橋は「国家神道」に即応した金光教の「神道」化を説いているのではない。むしろ天皇への忠誠という「日本的」側面を保持しつつ、金光大神の説いた信仰と愛の普遍性こそが、近代的帝国として拡大していく日本にふさわしいと主張しているのである。この点に、日本の普遍的な「文明」化を企図していた床次との共通性も見いだせよう。

　他方、道友社編輯部が編纂した『三教会同と天理教』（一九一二）には、三教会同に対する天理教側の教義的な応答が見て取れる。そこで強調されるのはやはり「国体」であり、天皇への忠誠という国民道徳である。だが同時に「天理大神」と天照大神は同一の神格であるとされ、中山みきには直接天理大神が憑依して教えを伝えたのに対し、天理大神＝天照大神の子孫たる天皇は、「其の時代々に於いての現神《あきつみかみ》にして尊厳無比にをはします」とされる。このような論理により天理大神への信仰と天皇への忠誠の一体性が説明され、「天理教は国家教祖先教にして、又世界教人類教たる実質を有する」と主張される。日本的であることと宗教としての普遍性の併存を強調する点では金光教と同様だが、天皇のより直接的な神性を訴える点に差異があるといえよう。

　だが同書はただ天理教の「神道」化を強調しているのではない。同書は中山みきの教えの根本が内面的な心の「埃」の消滅にあったことに触れ、外面的な道徳性ばかり強調されてきたことが近代社会の危機の根源にあると主張する。そのような外面的道徳性の裏面に隠された我欲こそが革命や同盟罷業《ストライキ》といった無政府主義・社会主義の動向を生み出す原因であり、それゆえ「天理の大神」はみきを通して「心の立かへ」を説いたのだという。その点に「下等社会」の階層から天理教が出現したゆえんもあるとされる。

ここでは天理教が近代社会のもたらす歪みを是正し、無政府主義・社会主義を防止することが強調されている。日本の近代化の推進が強調された金光教とは対照的であるが、やはり天理教もまた明治末期の社会状況に応答しようとしていた。その点でやはり「神道」としての内実は一様ではなかったのである。

六　おわりに

これまで明治三〇年代における金光教と天理教の独立過程、とりわけその教義の整備を通して、「国家神道」と「教派神道」の関係について再検討を行ってきた。そこには大枠として国家の規制に対する従属という流れが認められるものの、村上重良が描いたような「国家神道」のイデオロギーの強制という単純な構図でなかったことは明らかであろう。

なにより金光教や天理教はその独立において前近代的な国家神道に従属したのではなく、むしろ教義から組織面にわたって近代化、「文明」化を進めようとしていた。その点で、桂島宣弘が国家神道体制下において民衆宗教の「神道化」と「文明化」が並行していたと指摘していることは重要である（桂島、二〇〇五）。

一見すると前近代的な「神道」化とこうした近代化が並存していたことは矛盾と見えるかもしれない。だが近代国民国家を確立する上で、しばしば前近代の民族共同体のシンボルがネーションの統合に用いられることに鑑みれば、それが矛盾と見えるのはむしろ現代の先入観であることがわかる。島薗進が述べているように「一見、後ろ向きに見える理想とナショナリズムによる新たな国家建設という目標が共振するという事態は、けっして珍しい事柄ではない」（島薗、二〇一〇）。

また、たとえ金光教と天理教がその独立において「神道」化したのだとしても、その「神道」なるものの内実は決して一義的ではなかった。両教団の独立においては教義を国体論や国民道徳に合わせることが前提条件であり、それらは「国家神道」の宗教的イデオロギーと受け止められるかもしれないが、天皇への崇敬に「宗教」性を読み込むか否かには当時においても振幅があったのである。帝国日本の拡張や無政府主義・社会主義の広まりといった時代状況への対応に見られるように、金光教や天理教の「神道」としての内実は時期によっても変化していたのであり、場合によってそれは教派神道の背景にある祭教学分離を超え、「国教」としての地位を得ようとする志向性をもともなっていた。

このように金光教と天理教の独立当時の社会において、国家と結びついた画一的な「神道」が厳然と存在していたわけではない。むしろ「神道」的なものが複雑に拡散し、その解釈をめぐって社会の様々な局面で不断の交渉が行われていたとみる方が実態に即していよう。かかる近代日本の「神道」はいかにしてとらえうるのか。それは今もなお未解決の課題であり、我々は再び出発点に立ち戻る。

参考文献

葦津珍彦（二〇〇六）『新版　国家神道と何だったのか』神社新報社
井上順孝（一九九一）『教派神道の形成』弘文堂
遠藤潤（二〇〇四）「「神道」から見た近世と近代」『岩波講座　第三巻　宗教史の可能性』岩波書店
桂島宣弘（二〇〇五）『増補改訂版　幕末民衆思想の研究——幕末国学と民衆宗教』文理閣
阪本是丸（一九九四）『国家神道形成過程の研究』岩波書店

島薗進（二〇一〇）『国家神道と日本人』岩波新書
武田幸也（二〇一八）『近代の神宮と教化活動』弘文堂
新田均（一九九九）「「国家神道」論の系譜（上・下）」『皇学館論叢』三二巻一・二号
幡鎌一弘（二〇〇二）「明治期における社会と天理教」柳炳徳・安丸良夫・鄭鎮弘・島薗進『宗教から東アジアの近代を問う――日韓の対話を通して』ぺりかん社
藤井麻央（二〇一六）「「近代教団」としての金光教の形成――明治期における宗教運動と宗教行政」寺田喜朗・塚田穂高・川又俊則・小島伸之編著『近現代日本の宗教変動』ハーベスト社
藤田大誠（二〇〇七）『近代国学の研究』弘文堂
村上重良（一九七〇）『国家神道』岩波新書
安丸良夫（二〇一三）「現代日本における「宗教」と「暴力」」『安丸良夫集3　宗教と暴力』岩波書店
山口輝臣編（二〇一八）『戦後史のなかの「国家神道」』山川出版社

コラム④　明治聖徳論

佐藤一伯

一　明治天皇の聖徳

明治天皇（一八五二〜一九一二）への崇敬が、明治時代から盛んであったことを、『本邦生祠の研究』で明らかにした加藤玄智（一八七三〜一九六五）は、晩年、明治天皇の年譜に生祠を記載することを要望した（「『明治天皇御年譜』簡評」『富士文庫報』一四六）。明治聖徳《せいとく》論は、明治天皇とその皇后・昭憲皇太后（一八五〇〜一九一四）の「聖徳」に関する人々の著述や意見を総称したもので、その考察によって、加藤玄智が生祠研究で取り上げた近代の天皇信仰について、伝記や新聞・雑誌記事等の側面から理解を深めることができると思われる（以下、拙著『明治聖徳論の研究』国書刊行会、二〇一〇）。

近代における「聖徳」という言葉の社会への浸透の様子を見ると、一八七〇年代後半に天皇の「聖徳」に触れた新聞記事が登場し、一八九〇年代には伝記的書物である『萩の戸の月』（一八九二）、『銀婚盛典』（一八九四）などが出版されている。当初は地方巡幸やその報道・記録を通して天皇の「御姿」と「御心」が伝えられる場合が多かったが、憲法発布以降には行幸という動的な記事だけでなく天皇の「御日常」にも関心が向けられ、その一部が「大御心」・「聖意」・「聖徳」として伝えられていた。

従来の研究では、巡幸によって「身体をさらす天皇」は、国情を「見る天皇」である他に、「おそれ多い支配者」や「仁慈あふれる人間」として「見られる天皇」でもあったが、一八九〇年以降の行幸では鳳輦や馬車に替わって鉄道が用いられ、「人々の姿を見て仁慈あふれたところを発揮することができなくな」り、「明治初期に生身の身体と結びつけられていた天皇像」が「目に見えない＝おそれ多い大元帥」・「『生き神』から発展した『神』としての天皇像」へと変容したという（原武史『可視化された帝国』みすず書房、二〇〇一）。しかし、社会は天皇の身体的・可視的な部分に無関心ではなく、商業主義化したマスコミによって、天皇・皇后の肖像画・写真が大量に生産・配布され、さらには地方巡幸とは別の形で、大津事件の記事のようなマスメディアを通して、天皇の精神・労苦という不可視的な部分にも関心を持続していた。そして、「天皇の御徳と御恵」を江戸時代の君臣関係とは違う新しい「人たる道のしをり」（大槻如電『銀婚盛典』「緒言」）、つまり国民の道徳教育の基本として尊重する意識が形成されたと見られる。

明治聖徳論は、天皇のみならず、皇后の「徳」をも総合しているのが特色である。『東京日日新聞』は一九〇一年に「坤徳《こんとく》厚大　皇后宮殿下の御盛徳」と題する特集を連載し、この記事は翌年『坤徳』という単行本に纏められている。「歴代の后の宮」、「各国の后妃」に比較して、皇后の「御徳」が比類ないものと評価されるのは、「外事」に関する事績よりも、「日頃」の「謙譲」・「御仁慈」・「御操行」の姿勢によっていると述べており、天皇と同様、日常の「御心」に関心が及んでいる。同書は「誠に天の生せる微妙《かそけ》き御人柄とは申し奉つらんも、併しながら是れ御父の大臣の、彼の御物見の台作らせさせ給ひつる等、愛たき庭訓の職由するとも惶《かし》こし」と、皇后の「坤徳」が必ずしも天性のものだけではなく、父・一條忠香（一八一二〜一八六三）の「物見」教育に影響を受けたことを憶測している。さらに女学校や日本赤十字社、東京慈恵医院への行啓など、可視的な外的事績のみならず、「乾位《けんい》を輔《たす》け」、「恕《おもいやり》」・「仁慈」を宿す女子・妻・母の「鑑」としての側面が注視されていた。

日清戦争以降の新聞・雑誌・書籍・修身教科書等を見ると、天皇については戦時・平時を問わず政務・軍務への「御精励」の姿が報道・記述される場合が多く、皇后の場合は病院行啓や戦時の包帯親製など「御仁慈」の事績がしばしば取り上げられた。このことから国民の抱く第一印象は、「只管に精励される天皇」と「仁慈あふれる皇后」であったといえる。さらに、日露戦争以後には新聞・出版関係者の努力によって両陛下の逸話を集録した「聖徳録」の刊行が盛んになったほか、宮中の御歌所長・高崎正風（一八三六〜一九一二）の勇断によって、天皇の御製《ぎょせい》と皇后の御歌《みうた》が新聞や雑誌に掲げられ、国内外に伝播した。国内では国民精神の涵養や徳育・人格修養上の指針として尊重され、海外には末松謙澄（一八五五〜一九二〇）が日露戦争時に欧州で行った著述活動によって、日本精神の典型として紹介された。

日露戦争以降、聖徳録や御製・御歌への関心が高まった背景を知る上で、高崎正風主宰の社団法人一徳会の趣意書が注目される。一徳会は、高崎正風が日露戦争後における「民心」の「弛緩《しかん》」や「弊風」を懸念し、持論である教育勅語の実践をめざす社会教化団体結成を主唱するに至ったものであった。都市化によって大衆社会が急速に拡大し、利己主義の風潮が蔓延しており、大隈重信（一八三八〜一九二二）が青年向けに国体・忠君愛国に関する補習教育事業を開始したのも同様の危機意識が働いていたがゆえと考えられる。その際に彼らが社会教化の現場で重視したのは、「天皇の現人神としての宗教的権威」（村上重良『国家神道』岩波新書、一九七〇）ではなく、国民生活・人格修養の「宝典」・「規範」となる具体的な天皇・皇后の言動（聖徳）であったことに注意しなければならない。近世以降の「通俗道徳」の実践を尊ぶ民衆意識と、日露戦争後の「修養」運動が歴史的に連続しているとの指摘があり（島薗進「近代日本の修養思想と文明観」脇本平也・田丸徳善 編『アジアの宗教と精神文化』新曜社、一九九七）、「聖徳」顕彰運動もその一翼を担っていたと理解すべきであろう。

二　明治天皇の崩御とメディア

明治天皇崩御の一九一二年は最も多くの関連書籍、特集雑誌が刊行された注目すべき時期である。その内容は、幕末・明治の主要事績を回顧する「御一代記型」、人間性あふれる言動を側近や著名人の謹話で辿る「御逸事型」、明治時代の諸文化を総括する「明治記念型」と、大きく三つの類型に分けることができる。「先帝崩御後国民は只管恐懼《きょうく》して御盛徳御逸話等を一つでも聞き漏らさじとする此頃」(「先帝の御事に関する出版物」『大阪毎日新聞』八月二一日)と報じられたように、人々が最も関心を示したのは第二の「御逸事型」記事が断片的にもたらすところの、知られざる明治天皇の「御人となり」であり、これが明治聖徳論の中核であったと思われる。同時に、近代日本が明治天皇御一代で成し遂げた偉業の称賛と「明治(時代)」が終りを告げたことへの哀愁の念も絡み合っていた。

民間マスメディアが関連記事・出版物を膨大に量産したことは、商業主義的な側面だけでなく、「明治」と「聖徳」の「記念」という社会の大きな動向を併せて考察することが重要と思われる。一つは追号「明治天皇」(八月二七日仰出)の問題である。古来、年号を公式な追号とする例はなかったが、民間では「無意識的に明治天皇と尊称」(「東京たより」『国民新聞』八月二八日)することが先行していた。「明治天皇と申せば何人にも知り易く呼び易く、我々は此の御追号を想出す毎に、先帝の猶在《いま》す如く何時迄も御人格を慕ひ奉るであらう」(「御追号に就て」『国民新聞』八月二八日)という松方正義(一八三五~一九二四)の談話は、当時の国民の気持ちをよく代弁していたと考えられる。もう一つは、同時に発生した明治神宮創建をめぐる議論・動向である。追号と同様、明治神宮の創立が仰出される一九一五(大正四)年以前から、民間では「明治神宮」の称が広く用いられていた。当時、姉崎正治(一八七三~一九四九)が語ったように、崩御直後における追号や明治神宮創建の言動には、「明治の雄大にして快活な気宇」を「記念」する(「神宮及び記念物」『東京朝日新聞』八月八日)という意識が、強く働いたのであった。

第六章　アカデミズムの中の宗教

林淳

一　はじめに

アカデミズムは、時として官学主義、学問至上主義の意味として使われ、権威、保守、正統というニュアンスを含むことがある。本稿では、官学主義などの意味を払拭して、官立、私立との区別なしに、大学制度に支えられてきた学術の活動について、アカデミズムという用語を使用したい。本稿のタイトル「アカデミズムの中の宗教」とは、何を意味するのか。アカデミズムの中に宗教が存在するという意味ではない。世俗的国家のもとで展開した大学制度において宗教が立ち入る余地はほぼなかったと考えられる。宗教は立ち入る余地はなくても、宗教を対象とした学術は大学制度で許容される余地はあった。事実東京大学をはじめとしていくつかの官立の大学では、仏教学、宗教学の講座や学科が設置され、今も継続している。また宗教系の私立大学においても宗教を対象にした研究活動は営まれてきた。本稿の目的は、官立の大学と私立大学における宗教研究の成立と展開過程を跡づけることにある。

二　東京大学の場合

東洋哲学としての仏教学

一八七七年に東京開成学校を改組した法、理、文の三つの分科大学と、東京医学校を改組した医科大学が創設され、東京大学（以下、帝国大学令以降「東京帝国大学」と呼ぶべきだが、煩瑣を避けて「東京大学」と呼ぶ。他の帝国大学についても同様）はスタートした。一八八六年に工科大学、一八九〇年に農科大学が設けられた。東京大学は、一八九七年に京都大学が創設されるまでの二〇年の間、国内の唯一の大学であり続けた。

宗教関係の講義を見ると、一八七九年に原坦山が文科大学の和漢文学科で仏書講読を行ったのを嚆矢とする。一八八一年に組織の改正があり、哲学科の科目に印度及支那哲学が新設された。翌年に哲学科授業科目が西洋哲学と東洋哲学に二分されて、井上哲次郎が助教授として東洋哲学を担当した。原の仏書講読の講義は、東洋哲学のなかの印度哲学の科目として継続した。一八八五年にはオックスフォード大学でマックス・ミューラーからインド学・仏教学を学んだ南条文雄が、講師となってサンスクリット語を教えた。

東洋哲学の構想は、東京大学文科大学の設立にかかわった井上によって打ち出されたものであった。哲学を西洋哲学のみで考えるのではなく、東洋哲学である仏教、儒教の哲学を学生に教えるべきだと考えられた。井上は、一八八五年よりドイツへ留学し、五年後に帰国し教授に就任し、仏蘭西文学科科目「比較宗教及東洋哲学」を担当した。一八九一年に内村鑑三不敬事件がおこり、一八九三年に井上が、『教育ト宗教ノ衝突』を書いて、キリスト教と国体があわないことを主張した。一八九三年に講座制が施行され、哲学史第一講座を井上が、第二講座をクローバーが担当した。井上は、一八九二年から一八九四年頃までに印度哲学史を講義し、一八九七年からは日本儒学史の講義をはじめた。一八九〇年に村上専精が講師に就任し、漢訳経典にもとづいた仏教教理の授業を行なった。一八九九年にオックスフォード大学の留学から帰国した高楠順次郎が博言学科教授に就任し、二年後には梵文学講座の教授となった。一八九七年に姉崎正治は、井上の「比較宗教及東洋哲学」を引き継ぎ、宗教学を教えた。一九〇五年に宗教学講座が設置されて、西洋に留学していた姉崎が戻り、教授として着任した。高楠、姉崎の教授就任が、東京大学における仏教学、宗教学の誕生を意味していた。

印度哲学と宗教学

早くから東京大学では原坦山、南条文雄、村上専精が仏教学の講義を行っており、高楠順次郎が着任した梵語学講座でも、サンスクリット語や仏教学は学ばれた。印度哲学が、東京大学で独立した講座をもったのは、一九一七年のことであった。これは、宗教学講座の設置と比較すると遅い。その原因としては、印度哲学という制度的な枠の中で研究が行われ、さらに宗教学講座の枠の中でも仏教は研究されうると考えられていたからだと思われる。西洋の大学では仏教は、宗教学の枠の中で研究されてきたし、宗教学講座の姉崎も原始仏教の研究者であった。

東京大学における一九一七年の印度哲学講座創設、一九二一年の印度哲学第二講座の設置はともに寄付によっていた。第一講座は、村上専精の勧めで安田財閥の創設者安田善次郎が行った寄付、第二講座は、釈宗演の寄付によった。一九二六年には国費で第三講座が設置された。

一九二〇年に寄付をもとにして神道講座が設置されて、一九二三年に研究室が置かれた。宗教学科講師の加藤玄智、国史学科講師の宮地直一が兼任するというかたちで暫定的な形で神道講座ははじまった。翌年の一九二一年に田中義能が熊本の第五高等学校から転任し助教授となり、宗教学科から加藤も移って神道講座の助教授となった。この三人が神道講座を支えた（島薗進他編『東京帝国大学神道研究室旧蔵書　目録及び解説』東京堂出版、一九九九、九～一一頁）。加藤は比較宗教学の観点をもっており、宮地は歴史学者であり、田中は思想面から神道史を解明しようとした。ちなみに東京大学の神道講座は、神道研究のはじまりではない。一八八二年に皇典講究所が神職育成の施設として設立され、古典の研究と祭式の学習が行われた。一八九〇年には皇典講究所を基盤にして国史、国文を研究する國學院、国法を学ぶ日本法律学校（後の日本大学）が創設された。田中は、経験科学的な学術として神道学を提唱した。従来の神道研究は、哲学、国史学、国文学などで個別的に行われてきたが、それらを統一したものとして神道学があることを田中は説いた。

姉崎正治と門下

姉崎の研究は、原始仏教から始まり、日蓮、キリシタン、聖徳太子へと変化していったが、それらは姉崎が多能に任せて多彩なテーマを展開させたように見える。姉崎の学風は、折々に個人的な興味から発して対象を選択し、才能のおもむくままに研究に没入するというものであった。彼が求めていたのは、諸宗教の違いをこえた普遍的な宗教であった。「学者とも宗教人とも言える両義性を、高揚するままに行き抜」いたという深澤英隆の評言は、的を射ている（深澤英隆『啓蒙と霊性』岩波書店、二〇〇六、一二〇頁）。姉崎が、制度上では東京大学の宗教学の学祖であるにもかかわらず、著作によって学祖になりえていないと、かつて筆者は述べたことがある。現在につながる宗教学は、姉崎の門下が作り出したものであった。彼らが、第一次世界大戦後の西洋の宗教研究の流れに学び、民族学、社会学の理論と方法を宗教研究に積極的に導入した。宇野円空、原田敏明、古野清人、杉浦建一、棚瀬襄爾、小口偉一は、フィールドワークと文献研究をあわせて、宗教民族学、宗教社会学を形成した。宗教学の研究史を振り返ると、今日の宗教学のもとを作ったのは、姉崎ではなく、民族学、社会学との接点を求めた姉崎門下の研究者であった（林淳「近代日本における仏教学

と宗教学」『宗教研究』三三三号、二〇〇二)。

三　帝国大学の宗教関連の講座

京都大学の場合

一八八六年に帝国大学令が公布された折、すでに京都に第二の帝国大学を置く構想はあったといわれる。京都大学創立計画案によれば、法、医、文、理工の四分科大学で構成され、設置順序は、需要の多く入学者も多い分科大学からで、東京大学において学生が充満していた分科を先とするとある。学生定員は、法三五〇人、医四〇〇人、文一五〇人、理工四〇〇人、合計で一三〇〇人の見込みであった(京都大学編『京都大学百年史総説』一九九五、一一二頁)。実際には、一八九七年には理工科大学、一八九九年に法科大学、医科大学が開設され、しばらく遅れて一九〇六年に文科大学が創設された。遅れた理由として日露戦争開戦という社会情勢があったことが指摘されている。創立計画案においても、すでに文科大学の設立が後回しになることは予定通りのことであった。文科大学では、東京大学と同じく哲学・史学・文学の三学科編成をとり、一九〇六年以降につぎつぎと講座が設置された。

京都大学分科大学の特徴として、東洋関係の講座が重視されていたことが挙げられる。たとえば哲学に支那哲学、歴史に東洋史学、文学に支那文学が設けられたことは注目に値する。哲学関連の講座を見ても、第一講座に哲学・西洋哲学史があるが、第二講座に印度哲学、第三講座に支那哲学が置かれた。明治四一年に梵語梵文学講座が置かれたことも、東洋重視の施策として理解できる。宗教学講座は一九〇七年に置かれて、印度哲学講座の松本文三郎が兼担した後に西田幾多郎が一時担当した。一九一七年に波多野精一が担当の教授となって長く影響を及ぼした。その結果、京都大学では宗教哲学が宗教学の主流となった。宗教学第二講座として、一九二二年に基督教学講座が寄付講座として創設され、波多野が兼担した。基督教学講座の設立経緯を詳細に明らかにした小柳敦史は、「キリスト教研究の講座を設置するという発想が東京帝国大学における神道講座設置を意識したものであった」と述べ、京都大学と東京大学の微妙な関係を指摘した（小柳敦史「京都帝国大学文学部基督教学講座の成立」『近代日本の大学と宗教』法藏館、二〇一四）。波多野は、東京大学神道講座についての情報を随時得ながら、銀行経営者の渡辺荘が京都大学へ行なう寄付のタイミングを計っていた。

講座増設の理由

一九二六年に文部省からの要請によって、京都大学では宗教学第三講座として仏教学講座が創設され、印度哲学史講座の講師であった羽渓了諦が移って教授となった。なぜ大正年間に宗教学講座が増えたのであろうか。背景には、国民の間で高等教育に対する期待が高まったことが挙げられる。京都大学文科大学の入学者は、一九一二年頃に六〇人前後であったのが、一九二二年に一〇〇人、一九二六年には三三〇人と急増した。京都大学であれ東京大学であれ、大正年間につぎつぎに講座が増設された理由は、この入学希望者の急増にあった。議会が基督教学講座設置をすんなりと認可し、文部省が仏教学講座設置を京都大学に要請したのも、入学希望者数の増加という現実的な事態への対応策であった。波多野は、仏教学講座設置に関する文部省の要請について「例の思想善導の政策の背景にある事を誰も疑いません」と述べ、教授会の雰囲気を伝えている（小柳「京都帝国大学文学部基督教学講座の成立」）。文部省が、仏教学講座設立によって国民の思想善導に役立つと考えていたという波多野の認識は当事者の証言として意味はある。しかし、それよりも帝国大学への入学希望者数の急増という現実的な対策として、文部省が講座増設を推し進めたと見るべきであろう。

法文学部

一九〇七年設立の東北大学、一九一一年設立の九州大学において法学部を設置する計画がもちあがった（一九一九年第二次帝国大学令によって分科大学は学部制に変わった）。政府は、両大学において法学部設置を計画したが、従来通りの法学部設置について貴族院が難色をしめし、一九一九年に教育審議会で検討した結果、法学部ではなく法文学部を置くことになった。法文学部の構想には、法学部の法律万能主義に対する反省から、教養の裾野を広く持った新しい知識人層の創出への期待があった。法科の学生には人文的な教養を、文科の学生には社会的関心と理解を身につけさせることが、法文学部設置のねらいであった（九州大学編『九州大学五十年史　通史』一九六七、二〇七〜二一〇頁）。そこには、大正教養主義と言われる教養重視の思潮があったことは疑いえない。それとともに、法学部、文学部、経済学部をまとめて一学部とすることで予算の削減ができるという現実的な判断もあった。

もし両大学に政府案通りに法学部が設けられていたら、法文学部はなく、もちろん宗教関連の講座が置かれることはなかった。東北大学では、一九二三年に印度学講座、一九二四年に宗教学講座が設置され、同年に第二印度学講座も増設された（東北大学編『東北大学五十年史』一九六〇、一二二三〜一二三五頁）。九州大学では、一九二六年に印度哲学史講座と宗教学講座が設置された。東北大学、九州大学において宗教関連の講座をつくる場合、東京大学、京都大学をモデルとして講座は企画され、とくに東京大学を卒業した研究者が採用されることが多かった。つぎに法文学部が作られたのは京城大学（一九二四年創設）であったが、そこでは宗教学・宗教史の講座が置かれた。台北大学（一九二八年創設）には文政学部があって東洋哲学の講座が置かれた。ちなみに北海道大学、大阪大学、名古屋大学には文学部も法文学部も置かれなかった。

高等教育の改革

東京大学において早くから仏書講読の講義がなされたが、仏教学は印度哲学という名称のもとで哲学の下位分野として理解され研究された。京都大学では仏教学が、哲学科の哲学哲学史第二講座（印度哲学史）で遂行された。それに対して宗教学は、西洋の大学にある学術領域として東京大学に導入されて、他の帝国大学にも広がった。大正年間になると帝国大学の制度は大幅に変わった。一九一八年の第二次高等学校令、大学令、一九一九年の第二次帝国大学令が公布されて、文部省主導で高等教育の改革が行われた。文部省が帝国大学にある諸学部の規模拡大を推進し、その影響は文学部にも及んだ。東京大学の印度哲学第一講座、同第二講座、神道講座、京都大学の基督教講座は、寄付にもとづいてほぼ同時期に設置が認可された。また東京大学の印度哲学第三講座、京都大学の宗教学第三講座は、文部省の決定によって国費によって創設された。

四　井上円了と哲学館

文明化のヴィジョン

明治期に活躍した仏教的知識人のなかで、円了の影響は群を抜いていた。西洋の哲学、宗教学、心理学をいち早く導入して、明治の哲学界に新風を吹かせ、同時に妖怪の伝承を集めて妖怪博士と世間では呼ばれた。なによりも重要なことは、円了が哲学館（一九〇六年に「東洋大学」と改称。煩瑣を避けて「哲学館」と呼ぶ）を設立し、高等教育、中等教育に深く関わったことである。越後国の真宗大谷派の家に生まれた円了は、長岡洋学校で諸学を習い、真宗大谷派の京都の教校に行き学んだ。円了は真宗大谷派の留学生として東京大学に入学し、西洋哲学を学ぶ。哲学を習えば、ものの考え方の基本を知ることもできるし、キリスト教よりも仏教がいかに優れているかが理解できると円了は考えるにいたった。円了によれば、キリスト教と仏教を比較すると、仏教の方がはるかに近代の哲学や科学に適した宗教であることは明らかである。日本が文明国に仲間入りするためには日本人みなキリスト教徒になるべきだという意見が流布していた。円了は、そうした見解を憂えて反論した。

「ある論者は「西洋人は、仏教を信じる国を野蛮国とし、これを信じる国民を下等人種と見るから、万国との交流上、西洋人と同等の外交関係を開こうとすれば、キリスト教を信じなければならない」というが、これは単に外見上、うわべ上の評を下しているにすぎない……僕が見るところ、すべてにわたって西洋を模倣するようになったら、彼らは逆に僕たちを軽蔑し、僕たちを属国視することはあっても、同等視することは万が一にもないであろう」(『現代語訳 仏教活論序論』大東出版社、二〇一二、四八頁)「ある論者」の見解は、文明化とキリスト教は結びついているのであるから、日本もキリスト教国になることによって、西洋と同等の関係に入るというものである。このような考えは、日本に来た西洋人、キリスト教宣教師、日本人のキリスト教徒の間で語られていた。円了は、文明化とキリスト教を切り離して、キリスト教が日本の文明化のための必要条件にはならないことを明言し、日本のキリスト教化はかえって西洋人の属国視や軽蔑を招くことになると述べる。このような議論を組み立てることができたのは、円了が西洋の哲学、科学を全面的に信頼していたからである。

妖怪博士

妖怪博士として同時代には知られていた円了が設立した哲学館において、円了は妖怪に関する講義を行なっていた。妖怪についての膨大な著述を発刊し、全国を隈なく廻って調査を行い、講演を行った。円了の友人でもあった三宅雪嶺は、妖怪研究をもって円了の「個人的」な「道楽趣味」と評して、学術的とは認めなかった。しかし啓蒙主義者である円了の本領は、この妖怪研究にあったことは確かであった。国民を迷信から解放して、文明国にふさわしい「文明の民」に恥じざる国民を形成することが、妖怪研究の目的にはあった。円了の妖怪研究の目的は、迷信退治のことであった。「妖怪」は、われわれが使う妖怪とは異なっていて、不思議な現象一般をさして妖怪と使っている。妖怪には、二種類があり、虚怪と実怪に分れる。虚怪は、さらに偽怪と誤怪に分れる。偽怪は、人が利欲や政略のためにわざと作りだしたものである。誤怪は、誤認して妖怪だと思い込むものである。どちらも虚怪であり、本当の不思議な現象ではない。実怪は、仮怪と真怪に分れる。仮怪は、自然的妖怪であり、自然界の現象によるものである。真怪は、天地の森羅万象の不可思議、不可知のことをさし、仏教の真理につながる。四種の怪があるが、大きくみると偽怪、仮怪、真怪が三大怪と呼ばれて、人間界、自然界、絶対界に対応する。迷信退治の対象になるのは、偽怪、仮怪であるが、真怪は、宗教家が探求するものであるという。

円了の言動には一貫して彼の信条が貫かれていた。円了がめざすところは、文明国日本にふさわしい国民づくりであり、そして国民的宗教としての仏教づくりであった。キリスト教は西洋の宗教であり、日本の伝統にあわない、日本の伝統にあうのは仏教のみだと井上は強調する。ただし現状の仏教は、旧弊や迷信に満ちているので、教育や正しい信仰によって迷信を撲滅し、仏教教団は「あるべき仏教」の姿に改革されなくてならないというのが、円了の信条であった（林淳「媒介する仏教的知識人の登場」『媒介物の宗教史 下巻』リトン、二〇二〇）。

哲学館の創設

円了は、文明国日本にふさわしい人材の育成は民間で為すべきだと考え、一八八七年に誰でもが哲学を学ぶことができる哲学館を創設した。哲学はすべての学問の基本であり、原理、原則を考える学術にもかかわらず、東京大学でしか哲学を学ぶことはできない。東京大学に行く余裕も機会もない人に対して哲学を教えて、将来は教員、宗教者、哲学家になる人材を育成する目的のために哲学館は創設された。本郷区竜岡町にあった臨済宗寺院の麟祥院に仮教場を設けて、円了は三年制で哲学諸科の「速成教授」を行う学科組織をつくった。入学者公募には、予想以上の希望者が集まってきた。講師の大半は、円了の知り合いで東京大学の卒業生であった。円了は、九月一六日付けで東京府知事あてに開館届を提出し、同日に麟祥院で仮開館式を挙行した。円了はそこで演説をして、哲学を学ぶことの必要性を次のように説いた。哲学を研究する場所はきわめて少なく、哲学の専門家になるところは東京大学のみである。しかし哲学を専門に研究して哲学者になろうとするのではなくて、教育家や宗教家などで、哲学を自分の学問の助けにしようと思っている人は非常に多いのである。哲学館は、彼らに哲学を短時間に学べる機会を与えるために開設したものである。西洋哲学を学ぶことによって、東洋の学問の短所を補うことができ、さらに西洋哲学と東洋哲学を兼修すべきである。哲学館で学んだ卒業生が数多く世に出て行けば、従来の学風を一変させる力になり、日本を文明化させ社会を開明することになると円了は力説した（東洋大学創立百年史編纂委員会編『東洋大学百年史　通史編Ⅰ』一九九三、八九〜九一頁）。

哲学館は、賛同者の寄付によって賄われた。勝海舟、山県有朋、後藤象二郎、陸奥宗光、近衛篤麿などの著名人が賛同者のなかにはいた。一八八八年に哲学館は、『哲学館講義録』を発行し、哲学館に通学できない人のために自宅で独学できる通信教育の制度を設けた。通学生は館内生、講義録購読者は館外員と呼ばれた。これを館外員制度と称して、哲学館の特質になった。購読者申込みは予想外に多く、収入が増えて哲学館の経営を潤した。東京にある私立学校の多くは法律関係であったので、講義録の内容も法律に関するものであった。そのなかにあって哲学館の講義録は哲学、宗教を中心にした異色なものであった。

一八九五年には哲学館は大幅な改正を行い、一学科であったのが教育学部と宗教学部を設けた。つまり哲学館は、教育家と宗教家を養成する専門の学部体制を整えたのであった。教育学部は、高等師範学校を模倣し東京大学を参考にして、教育家に必須の科目を用意し、文部省教員検定試験を目指すとある。宗教学部は、帝国大学を模倣して西洋の大学の宗教部をも参考にして学科が作られた。一八九八年には教育学部、宗教学部の名称は、教育学部、哲学部と改められた。学科科目の改正にあたって、一八九八年の文部省令第一一号を参照にして改正されたが、それは教員免許無試験検定の認可を受けるためであった。

哲学館事件

一八八四年から中等学校教員検定が法制化されて、中学師範科、大学の卒業者以外の人にも検定によって中等学校の教員免許が授与されることになった。翌年の一八八五年に中学師範科、大学の卒業者は検定試験が免除されることになった。一八八六年訓令二一号によって、文部省は官立学校以外でも無試験検定による免許授与があることを示唆し、哲学館は一八九〇年に無試験検定による教員認定の請願を文部省に提出した。ついに一八九九年に哲学館は学科の組織や科目を改正して、無試験検定の取扱いをうける許可学校になった。これによって卒業とともに修身科、教育科、国語漢文科の教員資格を免許されることになった。

一九〇二年の卒業試験の折に来た視学官は「動機善にして悪なる行為ありや」という問いと解答を見て、倫理科教授の中島徳蔵に真意を問いただした。解答に「弑逆」という言葉があったことが問題視された。結果として文部省は、哲学館の教員免許無試験検定の許可を取消しの処分とした。この出来事は、哲学館事件として新聞や雑誌に大きく取り上げられ、中島は事件の経緯を新聞に投稿し、識者の意見を求めた。中島と文部省とのやりとりがあり、新聞、雑誌では事件の報道とともにさまざまな論争を惹起した（『東洋大学百年史　通史編I』四八八～五五九頁）。哲学館卒業生の高嶋米峰は、中島がテキストにしたミッアヘッド学説は東京大学でも考究されているのに東京大学の教授は退職させられないのはなぜかと問い、文部省には私立学校撲滅の意図があると喝破した。一九〇三年に円了は、卒業生の教員免許資格を認めてくれるように文部省に嘆願書を出したが、文部省からの知らせはなかった。文部省関係者は、文部省が取消しの取消しをすることはありえないから、新たな入学者から教員免許資格を申請したらどうかという助言を円了に与えた。円了は、無試験検定が取消された昨年の卒業生に免許資格が与えられるべきであって、彼らを切り捨てることは哲学館の義理として到底為すことはできないと述べて助言を断った。円了が決断した以上、哲学館が教員免許資格に関して再申請することはできなくなり、事態はますます行きづまった。入学者が激減し、受験料、授業料、寄付金で賄っていた哲学館は財政上の危機に見舞われた。

哲学館の危機

一九〇三年専門学校令が発布され、それまでは法的規制の対象ではなかった専門学校が、文部省に申請し認可を受けることになった。多くの学校が認可されたが、官立専門学校は実業関係が多かった。私立専門学校のなかでは宗教系学校が多くあった。宗教系の専門学校には、キリスト教系もあれば仏教系もあった。哲学館の危機について話を戻すと、仏教宗派を基盤とした宗派の専門学校が伸張したことも、哲学館の存続を危うくする要因となった。それまでは東京にある唯一の宗教家を教育できる機関として哲学館はあり、宗派に偏ることなく、通信教育によっても多くの僧侶を教育してきた実績をもっていた。ところが宗派の専門学校が認可されれば、寺院の子弟が自宗派の専門学校に通うことになる。教員免許資格取消し、仏教系専門学校の台頭が、哲学館の入学者の減少を招いた。

一九〇四年、円了は危機の要因を打開しようと、曹洞宗管長に懇願書を書いた。円了は、一宗一派に偏ることのない八宗兼学の教育を行っていることを強調し、曹洞宗僧籍のある哲学館卒業生が、曹洞宗大学林卒業生と同等に処遇されるよう規定を設けてほしいと願った。曹洞宗管長は、円了の懇願を了解し、哲学館卒業生についての規定を作った。これによって哲学館において曹洞宗在籍の卒業生を輩出できる端緒ができた（『東洋大学百年史　通史編Ⅰ』五九五頁）。教員免許資格の申請をめぐって学内を二分する紛争が起き、一九〇五年一二月に円了は学長を辞任した。

五　宗教系の私立大学

仏教系大学

一八六八年創立の慶應義塾は、最初の近代的学校であった。福沢諭吉によって創設された慶応義塾は、英語と実学を教育の柱にしていた。明治一〇年代になると、東京では法律系学校が軒並みに誕生した。それは、法律を学ぶと、政界、官界、司法界で活躍ができると考えられていたからであった。後に明治大学、法政大学、早稲田大学、専修大学、中央大学となる東京の私立大学は、いずれも元は法律学校であった。

つぎに仏教系の私立大学の歴史を一瞥する。一八七五年に大教院が解体し、仏教宗派は自らで僧侶養成を模索するようになった。一八八四年の教導職廃止は、宗派ごとに管長のもとで自治が与えられ、宗派は近代的な組織への改革を行った。一九〇三年に専門学校令が公布されて、各種の学校が文部省に申請し認可を受けることになった。一九〇四年には、医学・薬学系で二校、政治・法律学・経済学で九校、文学関係で一一校、宗教関係で一六校が認可を得た。一九〇七年の発令によって私立の専門学校は「大学」と公称することを許されたが、法的な扱いは専門学校であった。宗派が作った僧侶養成の多くの学校も、この時期に専門学校になった。

文部省は、年々増加していく帝国大学への入学志願者の受け皿として、私立大学を公認すべきと考えた。大学制改正の議論が行われ、一九一八年の大学令において正式に私立大学が認可されることになった。私立大学を設立するためには、財団法人を作らねばならず、さらに基本財産を有し、それの一部を政府に供託金として出すことが求められた。当時の金額で五〇万円以上の供託金が必要になった。集金能力の高い、規模の大規模な宗派でなくては、基本財産と供託金を賄うことは難しいことであった。一九二二年に両本願寺の龍谷大学、大谷大学が認可された。この二校が、仏教系大学では最も早い大学昇格の例であった。

東西の真宗以外の宗派は、どのように専門学校を大学に昇格するかについて明確な方針はすぐには立たなかったらしい。各宗単独ではなく、連合大学を設立する方がよいという意見もあった。一九二二年に曹洞宗、日蓮宗、天台宗、古義真言宗、真言宗豊山派、浄土宗、真言宗智山派の有志が集まって、仏教連合大学設立にむけた会を発足させた。しかしその後、多くの宗派は脱落し、最終的には天台宗、浄土宗、真言宗豊山派の三宗派による連合大学構想に受け継がれ、大正大学の設立となった。立正大学、駒沢大学、高野山大学が、つぎつぎと認可されていった。

連合大学の構想

資金面、教授陣を揃える面で、仏教系の専門学校が私立大学公認を申請することは大変な事業であった。結果としてみると、西東の浄土真宗、日蓮宗、曹洞宗、古義真言宗が単独で大学を有するようになり、天台宗、浄土宗、真言宗豊山派が大正大学を創設した。それ以外の宗派では、大学を持つことなく、専門学校のままであった。帝国大学において印度哲学、印度学の講座ができたのは、大正年間のことであった。そして有力な仏教宗派が、大学昇格を遂げたのもまた大正年間であった。大正年間に仏教学は、帝国大学と仏教系の私立大学との双方において制度的基盤を獲得した。

帝国大学の仏教学が、サンスクリット語、パーリ語などの学習、インド仏教を中心とした研究であったが、仏教系大学では、インド仏教の研究と宗学・宗乗がともに行われていた。仏教系大学においては、僧侶養成を目的にした宗乗の科目も仏教学の名のもとで教えられた。一九二八年に、帝国大学の仏教学者と、私立大学の仏教学者が協力して、日本仏教学協会（のちの日本仏教学会）が結成された。渡辺海旭が、京都の大学、専門学校の代表者に話を持ちかけ、全国的な仏教研究の学会創設を提案し、大谷大学で第一回学術大会を開くことを決めた。一七の団体が参加したが、仏教系大学と東京大学の印哲宗教学会などが母体となった。会員が個人の研究者ではなく、研究機関であるという点において、他の人文系の学会にはない独自な特色をもっていた。仏教連合大学の構想は当初のかたちでは実現しなかったが、宗派を解体するのではなく、宗派の独立性を認めた上でゆるやかにつながるという仏教界における交流の方法が、日本仏教学協会を通じて形成されたのであった。

キリスト教系学校が専門学校令のもとで専門学校になった例は、一九一二年の時点で一一校があった。私立専門学校が全体として五三校であったことを鑑みれば、その数は多かったといえる。キリスト教系専門学校では、女子高等教育機関があることと、神学科以外の文学などの学科があることが特徴であることを、江島尚俊は指摘している（江島尚俊「近代日本の高等教育における教育と教化」『近代日本の大学と宗教』法藏館、二〇一四）。大学令公布後、大学昇格をとげた立教大学、同志社大学、関西学院大学には、文学、商学、法学といった専門職業人養成の学科が置かれた。多くの入学者数を受け入れる学科を持つかどうかが、大学昇格の場合に決め手になったと思われる。キリスト教界においても仏教界と同様に連合大学構想が計画されたことがあったが、実現することはなかった。仏教界でもキリスト教界でも、連合大学の構想は理想として唱えられても宗派の壁を越えることは容易ではなかったようである。

仏教教学における異端と正統

仏教系大学において教学の科目をいかに教えるかという問題が大学昇格によって顕在化してきた。それまで宗乗・余乗とよばれた科目は、近代の学術としての資格があるのかどうかは、専門学校の時にはあまり問われることはなかった。しかし文部省は、大学昇格にあたって宗教教育の科目を吟味して、学術としての宗教研究ならば許容されるという立場を貫いた。宗乗・余乗の科目名は、従来のままでは認められなかった。いかにしたら宗乗・余乗は学術になるのか。一つは、印度哲学、仏教学、宗教学という科目名のもとでかつての宗乗・余乗で扱っていた研究を行うことである。「真宗学」「禅学」「日蓮教学」という分野名は、文部省の要請に応じて作られたものであった。もう一つは、西洋の哲学、論理学、科学論を学び、それに照らして現代人の知性に耐えうる仏教教学を形成しようとする立場である。後者の中からは、西方浄土、仏菩薩の実在的実体を疑い、死後の霊魂や輪廻を否定し、仏教の真理は現世内の自覚や内面にあると主張する立場が出てきた。

浄土真宗でいうと異安心問題、曹洞宗でいうと正信問題が同じ時期に起こった。どちらも大学昇格後の大学の教授が語りだした新しい仏教教学が、宗乗・余乗を担ってきた旧守の教学者や寺院の住職には受け入れられなかった出来事である。かえって新しい仏教教学は、反発、拒絶反応、不快感をもたらし、宗派内で大きな論争を招いた。

一九二三年に龍谷大学教授の野々村直太郎は浄土教批判を展開した結果、僧籍を剥奪されて、翌年には教職追放処分になった。一九二八年に大谷大学教授の金子大栄は、大学を辞職し、翌年に僧籍剥奪となった。一九二八年に元曹洞宗大学教授の原田祖岳が、駒沢大学学長の忽滑谷快天の論文「正信」を批判する「須らく獅虫を駆除すべし」という論文を書き、宗門と駒沢大学を巻き込んだ論争と中傷合戦が起こった。三人ともに学術レベルで真摯に仏教教学を作り上げ、自らの信念を積極的に公開した。野々村は、浄土、輪廻の実在を否定し、金子は、観念の浄土を説き、死後の浄土を批判し、忽滑谷は死後の霊魂や輪廻を否定した。三者三様ではあるが、死後の世界を否定して現実中心の仏教論を展開した点で共通していた。三人は、西洋の哲学をよく学び、その思考法を仏教にも応用し、学術レベルを保ちつつ未来の仏教教学を作りつつあると自負したと思われる。宗門の大学で教鞭をとる権威ある教授が、権威ある教科書を使って、多数の青年僧侶に対して自己の信念を開陳する講義が、いかに政治的で、未来の宗門にとって影響力が甚大かについて、宗門関係者は気がついたのである。各宗派は募金活動を展開し、末寺の住職から多額の寄付をうけて大学昇格をはたした。末寺の多くの住職が願ったことは、息子を大学に進学させて卒業時に僧侶資格と教員資格を獲得し、地元に戻ってきた息子が跡を継ぐことであった。権威ある教授による、浄土や輪廻を否定し、葬式、回向、引導には大した意味はないという講義は、たとえそれが最新の学説だといわれても、納得できる末寺住職は少なかったと思われる。

六　まとめ

第一に、東京大学において哲学科に東洋哲学の講義が設けられて仏教学が教えられるようになり、宗教学講座が設けられた。京都大学では、哲学哲学史第二講座（印度哲学史）と宗教学講座が創設された。二つの帝国大学では仏教学は哲学の枠で教授され、宗教学講座はそれとは別に設置された。東北大学、九州大学で、仏教学、宗教学の講座を作る場合に東京大学、京都大学をモデルにした。

第二に、哲学館は、哲学を中心にした人文諸学とともに八宗兼学の仏教学を教え、東京にあるという立地を生かして幅広い社会的役割を果たした。しかし仏教系専門学校が充実していくと、哲学館が持っていた宗教家養成の社会的役割は低下せざるをえなかった。

第三に、宗教関連の講座や学科が作られるのは、明治後期から大正年間にかけてであった。専門学校令、大学令が私立学校の増加、帝国大学の学部増設を後押ししたが、高等教育機関への入学希望者の持続的な増加が背景にはあった。仏教学、基督教学、神道学の制度的な基盤が帝国大学内に作られたのは、この時期のことであった。帝国大学と私立大学の双方において、仏教、キリスト教、神道を対象とした学術が基盤を得たことの意義は大きかった。

第四に、仏教系大学ができたことが、仏教教学をめぐる論争を惹起した。各宗派の仏教教学は、どのようにしたらアカデミズムにふさわしい資格を得、同時に僧侶養成の期待に応えるのかという問題に直面した。

参考文献

江島尚俊他編（二〇一四）『近代日本の大学と宗教』法藏館
オリオン・クラウタウ（二〇一二）『近代日本思想としての仏教史学』法藏館
京都帝国大学編（一九四三）『京都帝国大学史』
國學院大學編（一九八二）『國學院大學百年小史』
国立教育研究所編（一九七四）『日本近代教育百年史　第四巻』財団法人教育振興会
末木文美士他編（二〇一四）『ブッダの変貌』法藏館
東京帝国大学編（一九四〇）『東京帝国大学学術大観　総説文学部』
東洋大学井上円了記念学術センター編（二〇〇〇）『井上円了　妖怪学全集（第六巻）』柏書房
竹林史博編（二〇〇四）『曹洞宗正信論争』龍昌寺
林淳他編（二〇〇八）『季刊日本思想史　近代日本と宗教学（七二号）』ぺりかん社
三浦節夫（二〇一六）『井上円了』教育評論社

コラム⑤　神智学と近代宗教

吉永進一

一　神智学の特徴

このエッセイでは神智学と日本の近代宗教の関係について全体を略述してみたい。雑駁なものだが研究のヒントになれば幸いである。

神智学協会について略説すると以下のようになるだろうか。霊的な現象を「神」ではなく、他の力で説明・操作する体系は、一八世紀末のメスメリズム以降、西洋社会の世俗化と連動していくつか生まれている。それらは死者霊で説明するもの（スピリチュアリズムなど）と生者による操作を重視するもの（オカルティズムなど）に分かれるが、オカルティズムの側に立つ運動が神智学協会である。この団体は、一八七五年、ニューヨークに結成されたが、会長ヘンリー・スチール・オルコットと書記ヘレナ・ペトロヴナ・ブラヴァツキーの中心人物二人がインドへ移住し、チェンナイ郊外のアディヤールに本拠を構えてから、インドそして西洋社会に大流行した。この運動の特徴のひとつに、草の根的な組織がある。基本構成単位であるロッジ（集会所）の自律性、多様性を尊重し、雑誌メディアによってロッジや会員を結びつけたゆるやかな組織で、一八八〇年代末には日本にもロッジを結成するほど急速に組織を拡大しているが、他方、ブラヴァツキー死後は分裂騒動も頻繁に起こっている。神智学は、学習を実践の主体とした知的な運動であった。オカルト能力の解明は協会の目的に掲げられていて、その関心は根強く残るが、日常活動では学習と慈善活動が中心であったため、物足りなく感じるオカルティストもいた。基本的な思想として、ブラヴァツキーの著作がある。「秘伝仏教」と称する彼女の教えは、似非仏教という批判を東洋学者から浴びたが、科学と宗教の対立という当時の実存的な問題に応えようとした、「生きた」思想であった。さらに彼女が伝えたマハトマたちの術や霊能についての逸話は、東洋宗教への敬慕につながっている。ところが、霊能を伸ばすための「修行」については神智学協会には十分なノウハウがなかった（特に一九世紀中）。この結果、神智学協会（あるいはそれに影響を受けた人々）は、欧米での東洋人グルの受け入れ先となり、あるいは東洋で修行する欧米人を生み出すことになった。信仰でも儀礼でもない「修行」という、それまで西洋に乏しかった宗教的実践を一般に根づかせたのは、神智学協会の功績であるが、それは協会の「物足りなさ」の結果でもある。

二　日本近代への神智学の影響

前置きはこのくらいにして、次に本論に移ろう。日本近代への神智学の影響では、直接交渉のあった仏教を考えなければならないが、ただし、スリランカ仏教の近代化と比べると日本仏教への影響はそれほど大きくない。神智学の影響力が最も大きかった時期は、一八八九年の協会会長オルコット来日前後である。彼の講演旅行は大成功に終わったが、それだけでなく、この時期、多くの神智学徒が仏教雑誌に記事を掲載されている。その中で影響力の大きい人物は、オカルティズム系スウェーデンボルグ主義者フィランジ・ダーサ、アイルランド人仏教徒チャールズ・フォンデスで、皮肉にもいずれも神智学に批判的な人物であったが、西本願寺系の海外宣教会は、彼らと国際ネットワークを構築している。当時の進歩的仏教者では、新仏教の着想を得た中西牛郎、万教帰一的な理想宗教論を唱えた平井金三、チベット仏教を評価した田岡嶺雲や古河老川などに神智学の影響が見られ、日本仏教の近代化が大きく進んだ時期に神智学の果たした役割は大きい。しかし、その後、仏教の近代化が成功していくと、神智学の名は忘れられる。

この後も、仏教者が神智学と接触した例は多い。そもそも欧米から来る「仏教徒」は、彼（女）らはほとんどの場合神智学徒であった。また、後述するように、鈴木大拙夫妻が結成したロッジもある。それらの中で、宗門を巻き込んだ最も大きな事件は、第二次大戦後、クリスマス・ハンフリーズの来日である。彼は仏教徒で神智学徒であり、極東軍事裁判の判事であった。その名前は戦後の仏教メディアを一時賑わしたが、その神智学的な仏教論は日本の仏教者に当惑を残して終わっている。明治二〇年代、最初の出会いは日本仏教に大きな衝撃をもたらしたが、その後、それに匹敵する影響はなかった。

それでは仏教外ではどうであったか。明治四〇年代、海軍機関学校の教員スティーブンソンが逗子の自宅で神智学のロッジ活動を開始し、神智学書籍を翻訳出版し、知識人階級に積極的に宣伝を行っている。当時、神智学協会は、インド、アディヤールに本部を持つ一派と、アメリカ、サン・ディエゴ郊外のポイント・ロマにコミューンを建設した協会に分かれており、平和運動と慈善活動、教育に力を注いでいたこともあって教育学者から高い評価を受けている。エドワード・S・スティーブンソンは後者の協会に属しており、彼の著作に刺激を受けた日本女子大校長の成瀬仁蔵は、神智学を引用した精神講話を行うなど教育に積極的に取り入れていた。さらにスティーブンソンの同僚であった飯森正芳は、キリスト教を経由して一時は熱心な神智学徒となり、その後、大本に入信して幹部となっている。『霊界物語』への影響はスウェーデンボルグが大きいが、神智学も大本に流れ込み、浅野和三郎や友清歓真にもその影響は見られる。

アディヤールの神智学協会も日本にロッジがあった。慶応で英語教員をしていたアイルランド詩人ジェイムズ・カズンズが一九二〇年結成し、今武平や鈴木大拙夫妻らが参加した東京インターナショナル・ロッジである。これは在日外国人が中心の団体で、短期間で活動停止に至り、一九二四年、京都に移った大拙夫妻が中心となり、大谷大、龍谷大の学者たちによって大乗ロッジが結成されているが、一般には大きな反響はなかった。

大正時代、おそらく最も重要な事件は、フランス人思想家、ポール・リシャールとミラの滞日であろう。リシャール夫妻は、厳密には神智学協会員というより、ユダヤ系オカルティスト、マックス・テオンの提唱する宇宙運動の信奉者である。ポールは東西思想の一致を唱える理論家であり、中近東系ユダヤ人の出自を持つミラはテオンの霊媒をつとめたこともある。二人はインドでシュリ・オーロビンド、日本では大川周明や田中智学ら、そして岡田式静坐法の小林信子と交流があった。日本ではポールは『告日本国』で知られているが、国際的には、離日後インドでオーロビンドのパートナー、「マザー」となったミラが有名である。アジアの独立、オカルティズム、近代化された伝統宗教などが、ユダヤ、インド、日本に渡って重なっており、近代宗教史の重要なミッシングピースである。

神智学に対しては、仏教者よりもキリスト教系の人物が積極的に取り込んでいる。特に大正新教育で活躍したキリスト者、三浦関造は重要である。三浦は教育論者として名を挙げるが、次第に神秘主義から神智学、そして国家主義へと傾斜していき、訪米の際、アメリカの霊的なファシズム活動家W・D・ペリーとも交流している。戦後は竜王文庫を設立し、ヨーガの普及とオカルティズム文献の翻訳に務めている。下中弥三郎、鞍馬弘教の信楽香雲などは、彼を通じて神智学に感化された著名人である。三浦は、一九六〇年代まで西欧オカルティズム思想の数少ない供給源であった。

一九七〇年代に入ると世界的なオカルト流行の波が日本にも及ぶ。ニューエイジ思想の根幹をなす神智学は、新しい形で日本に紹介されているとも言えるし、空気のように希薄化してしまったともいえる。ひとつ言えることは、西洋オカルティズムを通して東洋思想を見るという神智学の方法は、キリスト者の成瀬や三浦だけでなく、一般人にとっても新鮮に映ったのではないか。神智学運動自体は世界的に見ても停滞気味であるが、ヨーガの流入、オカルト流行、そしてオウム真理教事件という現代宗教史を神智学のメガネを通じて見直すという作業は有効でもあり必要でもあろう。

第七章　戦争と社会問題

小川原正道

本章では、明治後期、特に一九世紀末から二〇世紀初頭にかけて、宗教が戦争（日清戦争、日露戦争）や社会問題（足尾鉱毒事件、廃娼運動）にどのように対処し、また当時台頭してきた社会主義とどう共存し、あるいは社会主義からいかなる反発を受けたのかを考察する。まずは足尾鉱毒事件に対する宗教者の関与について論じたい。

一　足尾鉱毒事件

鉱毒事件と精神主義・新仏教運動

一八九〇（明治二三）年以降、日本最大の銅山であった足尾銅山において、大量の廃石、鉱滓、酸性排水が流出し、流域の渡良瀬川の漁業被害と、広大な農地・農作物に鉱毒被害を引き起こした。衆議院議員の田中正造（一八四一～一九一三）は一八九一年、議会において政府の鉱山監督行政を批判したが、一八九六年、大洪水によって被害が拡大すると、田中の指導のもと、政府に対して鉱業停止運動が展開された。以後、「押し出し」と呼ばれる被害住民による反対運動が続くが、政府側の弾圧にあって後退を余儀なくされ、一九〇一年には田中が明治天皇への直訴に及び、これを契機として運動は再度活性化、政治問題化した（菅井益郎「足尾銅山鉱毒事件」秋庭隆編『日本大百科全書』第一巻、小学館、一九九五、二八二頁）。

宗教界でも、足尾鉱毒事件に対して機敏な反応がみられた。田中の天皇直訴の年、真宗大谷派の学僧で精神主義運動の指導者であった清沢満之（一八六三～一九〇三）が発刊した『精神界』一九〇一年一二月号は、直訴した田中の「熱心を貴しと存じ」、「けだかき」行為であると評した（浩々洞「東京だより」『精神界』第一巻一二号、一九〇一、四七頁）。仏教界では、島地黙雷（一八三八～一九一一）などの指導者が大日本仏教徒同盟会の活動として鉱毒地の視察に赴いて対応策の検討を行い、義捐金の募集、病院の設置、精神慰安のための布教などを試みることになった。一九〇二年一月、鉱毒被害民救済仏教有志会が組織され、被害民に同情の涙を禁じ得ないとして、義捐金の募集を呼びかけることとなった。同月の『精神界』は、次のように論じて、鉱毒地民の救済、田中への援助を訴えた。

> 鉱毒地人民の難をいたはるは私共の大に賛するところに候。私共も一臂の労を惜まず候。されど私共はこの鉱毒問題の為めに古河市兵衛氏を悪しざまに云ふは面白からぬことゝ存じ候。何にも鉱毒地の人民を憐れみたりとて、足尾銅山の悪口する必要な之れなき事にあらずや。私共は鉱毒問題の為めに尽粋せらるゝ田中正造氏を助けんとする者に候。されど古河市兵衛氏の事業的功業は賞めざらんとするも得ざるものに候（浩々洞「東京だより」『精神界』第二巻一号、一九〇二、五二頁（傍点原文））。

日本の資本主義発達に貢献した古河の「事業的功業」を讃えている点に、資本主義に圧殺された人権に対する注意が欠落している点が注目されるが、『精神界』は、その「無視」と田中への援助とを両立させる態度を示していたのである。

『精神界』が資本主義、あるいは明治国家への批判的視座を欠いていたのはなぜか。清沢の門下生であった暁烏敏（一八七七～一九五四）は、『精神界』（一九〇二年四月）に寄せた「服従論」のなかで、田中が「鉱毒地の人民」に「権理思想を吹き込む」事に尽力したと聞いたとき、「いらぬ御世話をやいたものだと思ふた」と述べている。暁烏は、鉱毒地の人民に思ってもらいたいことは、むしろ、「権理意識を捨てよと云ふ事」

であり、「男らしき服従をせよ」と勧めた。人民が苦しむか苦しまないかは、銅山によるものではなく、自分自身の心の中にあることだ、と暁烏はいう。暁烏は、「自由」や「権利」を掲げて人に苦しみを与えるよりは、「自由」が「空想」であることを示して「従順」を完全にするために「自由」があるのだと述べる。そこに国家との緊張関係を見いだす事は、困難であったといえよう。もとより、それは暁烏自身の仏教理解に基づいており、彼は、「服従」できない理由を「無我」の未成立に見いだし、「無我」の境地にいたれば、どんなことにも「服従」できるようになる、という。暁烏は、そうした自らの宗教を「私の宗教は明に奴隷的である」と称し、自分の道徳も「奴隷的」であると述べていた（暁烏敏「服従論」『精神界』第二巻四号、一九〇二、三〇〜三九頁）。こうした暁烏の姿勢を、清沢の「精神主義」の反映だとみる見解には、賛否両論があるが、近藤俊太郎は、清沢においては「安慰」を招来する「絶対無限者」への信仰が徹底されており、現実における「不足」や「弊害」は、信仰の不徹底によるものだと理解されていたとする。このため、権力に対する制限、権力からの自由といった問題は、成立し得ず、それゆえに暁烏は「服従」を説いたと指摘している（近藤、二〇一三、六一〜八七頁）。

新仏教運動に参加した仏教徒も、足尾鉱毒事件に強い関心を寄せた。機関誌『新仏教』は、一九〇二年二月号の社説「鉱毒問題につきて仏教徒に告ぐ」で、鉱毒被害民救済に対して社会が無関心であると指摘した上で、「此の事件に対する政府の責任や実に大なり、山上に精錬所の設立を許可して、其の鉱毒の氾濫するに及び、民の之を訴ふるや、常に之を隠蔽せんとするの策を取りしが如き事実は、殆んと疑なきが如し」と政府の責任を厳しく追及する。古河に対しても精錬所の移転を促した。仏教界に対しては「病院、養育院、並びに学校の三事業を之に勧めんと欲す」（傍点原文）と力説し、各宗本山が力を合わせ、渡良瀬川沿岸の同胞救済のために投資するよう訴えた（『新仏教』子「鉱毒問題につきて仏教徒に告ぐ」『新仏教』第三巻二号、一九〇二、五七〜六一頁）。精神主義が欠いていた権力との対抗という図式を、新仏教運動は持っていた。『新仏教』は三月三一日を期限として義捐金の募集に乗り出し、鉱害地の実地調査や義捐金募集に奔走する新仏教徒もいた（吉田、一九六四a、四一六〜四一八頁）。

鉱毒事件とキリスト者

キリスト者の多くも、足尾鉱毒事件に強い関心を寄せた。一九〇〇年、神田青年会館で開催された鉱毒演説会では、キリスト者の津田仙（一八三七〜一九〇八）が演壇に登っている。この演説会は、青山学院に在学していた栗原彦三郎の奔走によって実現したものであるが、栗原は青山学院長の本多庸一の紹介で津田と知り合い、協力を願い出たといわれている。津田は、被害地の視察も行っている。島田三郎（一八五二〜一九二三）や木下尚江（一八六九〜一九三七）、安部磯雄（一八六五〜一九四九）、内村鑑三（一八六一〜一九三〇）なども現地視察を行った。木下は沿岸の渡良瀬川沿岸の荒廃地を放置していた政府の怠慢を批判し、沿岸の蘇生と鉱業継続を実現する建設的方策を探った。巖本善治（一八六三〜一九四二）も辛酸を嘗めていた被害民に身を寄せて、救済を政府と社会に訴えていった。一九〇〇年、鉱毒調査有志会が結成されるが、そこには巖本善治、島田三郎、安部磯雄、小崎弘道、留岡幸助といった多くのキリスト者が名を連ねた。田中の天皇への直訴後、木下、安部、内村らは被害地視察に赴き、路傍演説、病院設立、議員歴訪などに励む事を決めた（葛井義憲「足尾鉱毒事件と一群れのキリスト者」『名古屋学院大学論集　人文・自然科学篇』第二三巻二号、一九八七、一三八〜一八八頁）。

キリスト教婦人の活動にも一瞥しておこう。後述する廃娼運動で活躍する日本基督教婦人矯風会を母体として、鉱毒地救済婦人会が組織され、潮田千勢子（一八四四～一九〇三）が会長に就任した。一八八二年に洗礼を受けた潮田は、横浜聖経女学校を経て婦人伝道師として働き、日本基督教婦人矯風会の幹部となった。矯風会は島田三郎を通じて田中正造と接し、潮田も一九〇〇年頃から足尾鉱毒問題に関心を寄せていった。一九〇一年に現地視察に参加した潮田は、同年に鉱毒救済婦人会を組織して会長となり、鉱毒演説会で被害地の住民の救済を訴えたほか、古河に鉱業停止を要請し、貴衆両院議員に檄文を配布している。以後も、婦人会は演説会開催、金品の寄贈・援助、被害地少女・婦人の教育、被害地病人の入院施療などに取り組んだ。島田三郎、木下尚江、安部磯雄などの男性キリスト者も助言と協力を続けた（工藤英一「足尾鉱毒事件における潮田千勢子――キリスト教の問題を中心として」『三田学会雑誌』第七五巻三号、一九八二、二三一～二四四頁）。

田中正造自身、晩年にキリスト教に感化されていたことが知られている。一八九〇年頃からキリスト者との関わりを持ち、徐々にキリスト教に感化されていった。一九〇〇年の書簡では、田中は「神の道」を行くのは疲れ乾いた際に水を得るようなものである、と記し、鉱毒被害民救済活動の活力の源のひとつとして、キリスト教を位置付けはじめていた。一九〇二年に川俣事件での官吏侮辱罪で入獄した折には、聖書を差し入れられて読んだ。田中は、神への従順は良心による足尾鉱毒への闘争である、というキリスト教理解を持っていたようである。最晩年の田中は、物質欲、世俗価値、虚飾の文芸・学芸の否定という「三無教会」を信条とし、精神の聖化、真実の価値、誠実な文芸・学芸を対置させて、政治社会や世相、教育への批判を試みたといわれている（長江弘晃「田中正造晩年のキリスト教的特性」『日本大学教育制度研究所紀要』第三一号、二〇〇〇、一九～四七頁）。

田中と特に深い接点を持ったキリスト教思想家が、新井奥邃《あらいおうすい》（一八四六～一九二二）である。一九〇〇年に田中と出会った新井は、足尾鉱毒事件に深い関心を示し、被害者に同情を寄せ、古河を批判している。鉱毒問題についての国会への請願書の起草も手伝った。田中にとって新井は、心身の疲労を癒やしてくれるエネルギー源であり、新井にとって田中は「神の嬰児」であったとされる（小松裕「新井奥邃と田中正造」コール・ダニエル・金泰昌編『公共する人間5　新井奥邃――公快共楽の栄郷を志向した越境者』東京大学出版会、二〇一〇、二二五～四五頁）。

二　好戦論と非戦論

日清戦争と宗教界

一八九四年二月に朝鮮で発生した東学党の乱を契機として、同年八月、日清戦争が勃発した。仏教界では、この戦争を肯定し、協力するのが一般的であった。たとえば、大内青巒（一八四五～一九一八）は宣戦直後、『戦争と仏教』と題するパンフレットを刊行し、「凡そ仏教に依て以て安心立命する者ハ、日々夜々、着衣喫飯放屎送尿、行往座臥、造次顛沛の間に於て、常に戦陣に臨みて馳駆するの思に従し、念々生死を超出して自在無礙なる可きなり」（大内青巒『戦争と仏教』国母社、一八九四、六七頁）と仏教徒の戦争協力を呼びかけた。

浄土真宗本願寺派では、明如（大谷光尊、一八五〇～一九〇三）法主が八月、次のような教諭趣書を発して、

「真俗二諦」の観点から国家に貢献するよう求めている。

今回、日清戦争ハ我国未曾有ノ事変ト謂ツヘシ、是時ニ当テ苟モ帝国臣民タル者ハ各々報国ノ志ヲ抽テサルヘカラス……仏教ハ単ニ未来得脱ノ事ノミヲ説クモノニアラス、未来ノ得脱ヲ期スルト同時ニ、人々其本分ヲ尽シ国ノ為メ君ノ為メニ身命ヲ惜マス忠誠ヲ致スカ即チ仏教ノ本意ニシテ、吾宗ニ所謂ル真俗二諦トハ是ナリ（福間光超他編『真宗史料集成』第六巻、同朋舎、一九八三、三四〇～三四一頁）。

戦争がはじまると、本願寺派では「臨時部」が設置され、全国に僧侶を派遣して軍資献納を奨励し、明如は明治天皇に拝謁して、その戦争協力方法について上奏、天皇は満足である旨を述べた。井上馨内務大臣から公債募集について相談を受けた明如は、天皇や政府の意により、自ら積極的に各地の師団や鎮守府を慰問していった。開戦から三ヶ月後には、一三名の従軍布教使を派遣することとなり、彼等は各軍営や病院の慰問や布教、説話、葬儀、法要、さらに看護活動などに当たった。軍事援護事業は、軍事公債五〇万円、清酒五〇石、献金約一七〇〇〇円、直諭約一〇万通、書籍約八万五〇〇〇部、薬約一万包などに及んでいる。真宗大谷派でも八月、現如法主（大谷光瑩、一八五二～一九二三）が垂示を発し、門徒は帝国臣民として「真俗二諦」の宗義にならって報国の忠誠を尽くすべく求めた。本山に臨時奨義局が設けられ、従軍兵士への名号の付与、戦士への法号の下付、献金・寄付などが実施され、従軍布教使も派遣された（小川原、二〇一〇、一〇六～一一二頁）。

浄土宗でも後に管長となる岩井一水は、「世の論者稍もすると仏教は殺生戒を説くものなれば、仏教を信するものは敵国に亡さるゝも刃向ひの出来ぬわけ故、戦乱の場合には啻に必要なきのみならず寧ろ有害なりなど途徹もなき盲論を吐きて得たり顔する先生もまゝあるそふですが誠に粗忽な議論といわねばなりません」と強調し、「国民たる者は、徹頭徹尾東洋平和の為め朝鮮救助の為め天地正義の為めに生命財産を犠牲に供して当るの一大覚悟を定めざる可からず」と訴えた（岩井一水『日清開戦仏教演説会筆記』法藏館、一八九四、一四～二〇頁）。

好戦論を主張して戦争協力に奔走したのは仏教だけではない。キリスト教界も同様であった。日本メソジスト教会の牧師・山田寅之助は、一八九八年に刊行した『軍人と宗教』において、「吾人は人類として、造物主に対し敬礼を尽くすべきの義務を有す、啻に人類として義務を有するのみならず、国民として敬神の義務を有するを忘るべからず」として、「亡状を極めたる支那帝国を懲らし、国威を四海に発揮したるは天佑の優渥なるを証するにあらずや」と説いている（山田寅之助『軍人と宗教』メソジスト出版舎、一八九五、七頁）。

このほか、本多庸一、植村正久、井深梶之助などのキリスト教指導者が清韓事件基督教徒同志会を結成して各地に遊説した。たとえば植村は、日清戦争を新旧の精神的衝突と捉え、日本にとっては開進的立場を全世界に披露する機会であり、東洋を改造する先駆者としての大義ある戦いであるとして、キリスト教徒はこの戦争を「精神問題」として捉えるべきであると説いた。日露戦争で非戦論を唱えることになる無教会派の内村鑑三も、日清戦争を「義戦」と捉え、日本はアジアの救世主として中国を覚醒させることが天職であると述べていた（小川原、二〇一〇、一一二～一一七頁）。

日清戦争時の宗教界は好戦論にほぼ塗り尽くされていたが、非戦論に目を向けると、フレンド教会の日本平和会があった。同会では北村透谷などが戦前から非戦論を展開していたが、北村は開戦前夜の一八九七年五月に自殺してしまい、開戦後も、クエーカー教徒の間で戦争の賛否をめぐって対立が起こり、フレンド教会は分裂し、日本平和会は解散してしまった。来日していた英国フレンド教会のジョージ・ブレスウエイトは、自宅に「大日本平和会」を設置して平和運動の再構築をはかり、雑誌を発行して国会議員やキリスト教会に配布するなどの活動を展開したが、政府の圧迫を受けて活動は制約された（小川原、二〇一〇、一二二〜一二五頁）。

日露戦争と宗教界

日清戦争から一〇年後の一九〇四年二月、日露戦争が勃発した。この戦争でも、宗教界の大勢は好戦的であった。

浄土真宗本願寺派の例を見てみよう。本願寺派では、開戦直前の一九〇四年一月に日清戦争と同様「臨時部」を設置して「戦時奉公」の拠点として位置付け、開戦すると鏡如（大谷光瑞、一八七六〜一九四八）法主は帝国未曾有の危機にあたって挙国一致して事態に対処しなければならず、門徒は死は軽いものと覚悟し、兵役に就かない者も軍資の募集に応じ、王法為本を信徒の本分として現して、「皇国の光栄」を発揚すべきである、と呼びかけた。出征する門徒兵には「不惜身命」の奉公を望む親示も発せられている。臨時部では、軍資献納、恤兵品の寄贈、軍事公債応募の奨励、出征・凱旋兵の送迎・慰問、出征軍人の留守家族の慰問・救護、傷病兵の慰問、戦死者の葬儀、戦死者遺族の慰問・救護などにあたった。日清戦争時は一三名だった従軍僧は一〇五名に達し、法主やその代理も内地の師団に積極的に出張した（小川原、二〇一〇、一六二〜一六四頁）。

本願寺派のリーダーの一人であった赤松連城（一八四一〜一九一九）は、「真俗二諦の教義であれば、未来さへ助かれば、此世はドーでもよひではなひ、王法為本の御宗風であれば、此世と未来とが、別々であつてはならぬことである……本宗に流を汲む者は、此時に当りて益皇国の光威を発揚し、天晴なる日本国民と、真宗門徒の本領を顕はすが、今此時であるとの善知識様のやるせなき、思召であれば心得違のなひ様」（真谷旭川『日露戦争と仏教』興教書院、一九〇四、一二～一六頁）にと説いている。

真宗大谷派においても、法主から直諭が下され、帝国臣民として報国の誠を尽くし、真俗二諦に基づいて、進んで軍事に従うべきであると主張していた。大谷派は臨時奨学義局を設置して軍事援護事業に従事し、満州軍慰問使を派遣して戦地を巡回したほか、九名の従軍布教使が中国に赴いた。三五〇回の公開演説が開催され、包帯四〇〇〇個、煙草一万個、菓子六万個、書籍一万五〇〇〇部、新聞・雑誌一五万部、念珠一万五〇〇〇個、扇子三万個などが軍に提供されて、軍人遺族や出征軍人家族にも念珠や祝い餅、白米などを贈った。支出された軍事援護関連事業費は総額二〇〇〇万円弱に及んでいる。日蓮宗でも、開戦直後に報国義会を設置して報国尽忠の丹誠を示し、戦勝祈祷や義勇を鼓舞する演説、軍への金品献納などを実施した。報国義会からは従軍僧も派遣された。曹洞宗は数十名の従軍布教使を各師団に配属させることとし、布教使は、死地に飛び込んで迷いが消えたときに悟りを得る、という禅語を用い、「七生報国」を誓って、壮快な往生を全うすべきだと説いた。キリスト教界でも、日清戦争時と同様、大多数は好戦的な態度を示し、本多庸一や小崎弘道といった著名なキリスト者も日露戦争を「義戦」と捉えて、国民の士気高揚に尽力し、軍隊慰問使の派遣や軍人用小冊子の発行・配布、募金の促進などを進めた（小川原、二〇一〇、一六九～一七九頁）。

こうした傾向に抵抗して、非戦論を唱えたのが柏木義円や内村鑑三である。木下尚江、安部磯雄、石川三四郎（一八七六～一九五六）といったキリスト教社会主義者も非戦論をとった。内村は日清戦争を義戦とした過去を恥じ、日露戦争だけでなく戦争そのものに反対する「戦争絶対的廃止論者」であることを表明している。聖書研究を通じて、「平和を求むる者は幸いなり」「すべて剣を取るものは剣にて亡ぶべし」といった聖句と出会い、当時の世界情勢が非戦論に向かいつつあると認識したこと、などが背景にあったといわれている。木下尚江も、一九〇四年に『毎日新聞』紙上で「火の柱」を連載し、戦時下のキリスト教指導者を批判して、キリスト教は共産主義の伝道師であると攻撃した。仏教界の非戦論者として知られているのは、高木顕明（一八六四〜一九一四）である。日露戦争当時、真宗大谷派の僧侶として紀州新宮・浄泉寺の住職を務めていた高木は、被差別部落問題や廃娼運動などの過程で社会主義に接近して、日露戦争に際して非戦論を唱えた。高木は、教義と人師、社会の三つを信仰対象とし、教義としては南無阿弥陀仏、人師としては釈迦や親鸞、社会としては極楽を設定した。高木は、極楽は社会主義が実現された社会だと捉えて、浄土教の教義と社会主義とを結びつけていく。高木は後に大逆事件に連座して起訴された際、大谷派から擯斥されることとなる（小川原、二〇一〇、一七九〜一八三頁）。

三　廃娼運動と女性の問題

日本基督教婦人矯風会と廃娼運動

宗教者による廃娼運動の嚆矢として位置付けられるのは、日本基督教婦人矯風会である。同会は京浜婦人祈祷会を基盤として設立された東京婦人矯風会を前身とした組織で、一八九三年に霊南坂教会において各地の婦人団体矯風団体を連合して結成された。設立前から、万国婦人矯風会遊説員エム・シー・レビット婦人が来朝して各地で矯風演説会を開いており、津田仙などの尽力によって一夫一婦主義の民法および刑法の改正、在外醜業婦取締に関する建白書を太政官に提出していた。設立前年にはやはり万国婦人矯風会遊説員のエム・エー・ウェスト女史が来日し、各地で矯風演説会を開いて、日本基督教婦人矯風会結成の機運を盛り上げた。一八九三年、日本基督教婦人矯風会は請願書を帝国議会に提出し、衆議院では島田三郎、根本正、江原素六等、貴族院では清浦奎吾等が紹介者となった。以後、民法および刑法の改正、海外醜業婦取締に関する請願書は合計四七回にわたって提出され、一八九三年には「醜業婦」またはこれに陥ろうとする婦人の救済所を設け、慈愛館と名付けた。のち、東京婦人ホームと改称される。以後、群馬県をはじめ、全国で廃娼運動が盛り上がるが、その背景には自由民権運動、キリスト教信仰、国粋主義の三側面があったとされる(伊藤、一九三一、一一九～一三四頁)。

函館の娼妓であった坂井フタが、廃業をするために楼主と取締役に連署加判を請求したが、聞き入れられず、坂井は調印書請求の訴訟を起こした。廃業のためには楼主と貸座敷組合長の連印が必要だったためである。裁判は大審院にまで持ち込まれたが、大審院は控訴院での再審を命じ、控訴院は一九〇〇年、娼妓はいつでも借金の有無に拘わらず廃業することができるという判決を下した。この裁判に触発されたのが、名古屋美普教会のアメリカ人宣教師ユー・ジー・モルフィであった。モルフィは木下尚江の支援を得て名古屋をはじめ愛知県下で廃娼演説会を開き、坂井の判決が伝わると、キリスト教徒の弁護士、岩崎義憲とともに「娼妓廃業届に連署捺印請求の訴訟」を起こした。原告は藤原さとという娼妓である。名古屋地裁は藤原の自由廃業を認める判決を下した。モルフィは各地で裁判を起こして娼妓の勝訴を勝ち取り、矯風会から感謝状を贈られている。一連の訴訟では廃業は自由とされたが、借金は返さねばならないという判決となった（伊藤、一九三一、一五六～一六七頁）。

廃娼運動と救世軍

モルフィに刺激されて廃娼運動を社会運動として盛り上げたのは、救世軍である。救世軍では婦人ホームを設けて救済婦人の安在所とし、機関誌『ときのこゑ』を発行して「醜業」が罪深いとして、すみやかに廃業すべきことを訴え、救世軍はいつでも婦人を世話する旨を主張した。廃業者を続出させるべく遊廓に進軍し、演説を試み、遊郭側と衝突して流血事件に発展することもあった。この活動を支援したのが、島田三郎の主宰する『毎日新聞』である。編集長は木下尚江であった。また、秋山定輔を社長とする『二六新報』も自由廃業運動を支援する側に回った。『二六新報』は社を挙げて娼妓の自由廃業支援に乗り出し、遊郭側と衝突して負傷者を出すこともあったが、一九〇一年にはその成果として警視庁が娼妓は廃業後三日以内に届ければよいこと、楼主が連署を拒む場合は本人だけの捺印でも構わないことなどを指令している（伊藤、一九三一、一六七～一八〇頁）。

明治末期、一九一一年に吉原が全焼すると、そのニュースは海外に伝播され、英国の廃娼同盟会は幹事モリス・グレゴリーを日本に派遣して廃娼運動の支援に乗り出した。矯風会会頭の矢嶋楫子（一八三三～一九二五）は、内務大臣に対して「公娼廃止に関する陳情書」を提出し、日本の公娼制度は「文明諸国」として非奇異なる制度であり、外国人から「奇習変俗」と捉えられており、「日本の文明に汚点を加へしめ候」と非難し、吉原遊郭が全焼したこのときこそ、「弊害を一掃すべき好機会」だと論じた。廃娼演説会も盛んに行われ、矢嶋楫子をはじめ、島田三郎、山室軍平、林歌子、木下尚江、安部磯雄、本多庸一、などが演壇に登り、吉原遊郭の廃止を訴えた。しかし、吉原は仮営業を再開したため、江原素六を発起人として、島田三郎、安部磯雄、山室軍平、鈴木文治などが集って廓清会を発足させた。以後の廃娼運動史は、この廓清会と矯風会を軸に展開していくことになる（伊藤、一九三一、二〇八〜二二九頁）。

女性論からの批判

以上、主に伊藤秀吉による廃娼運動の通史的叙述を試みてきたが、近年になって、この廃娼運動に対して女性論などの立場から批判的な見解が寄せられていることも指摘しておかなければならない。

たとえば救世軍の廃娼運動は、歴史研究、社会福祉研究において女性の人権擁護の先駆として高く評価されてきたが、近年、「醜業婦」という差別的な呼称が使用されていたことに象徴されるように、娼婦の存在を母性に反し、夫婦関係を破壊し、性病を蔓延させる元凶と見なしていた点や、国家主義や優生思想と親和的であったという点など、否定的な側面も指摘されるようになってきている。廃娼運動自体、公娼制度を天皇制国家にふさわしくないとする天皇制イデオロギー的要素が強かった点や、キリスト教の廃娼運動が「純潔日本」推進運動の筆頭格になったこと、対外的な体面のために売娼が問題として浮上したこと、日本の植民地支配や膨張主義を支持していたこと、などの問題点が指摘されている（杉山博昭『キリスト教福祉実践の史的展開』大学教育出版、二〇〇三、一〇八〜一二六頁）。

廓清会や矯風会とともに、廃娼運動を支えた組織として一八九〇年結成の全国廃娼同盟会があるが、林葉子は、その機関誌『廃娼』は廃娼運動を「男児」の運動として表象しており、そこには同盟を実質的に支えていた巖本善治のジェンダー観が影響していたと指摘している。巖本は、男女異質同権論を主張し、言論活動、政治活動の担い手は男性であり、女性は主に「ホーム」作りを担うべきだと論じており、男性は性欲を抑制できるとして、あくまで男性の責任・改革としての廃娼を訴えていた。女性による廃娼運動を提唱していた佐々城豊寿は批判され、矯風会から追われていくこととなる。このような、「日本社会全体が女性を政治的活動から排除する傾向」を、林は問題視し、日露戦後においても女性が矯風会の活動に加わろうとするのは容易ではなかったと指摘している。会頭の矢嶋でさえ、「調整役として裏方で働くことが多かった」という。廃娼運動が女性主導になっていくのは、大正期を待たねばならない（林葉子『性を管理する帝国――公娼制度下の「衛生」問題と廃娼運動』大阪大学出版会、二〇一七、一〇六～一一八、三九一～三九八、四二七～四三八頁）。

なお、仏教に目を向けると、吉田久一は、キリスト教の社会的政治的廃娼運動に対して、より「個人的な非娼主義や不邪淫戒の実践に特色があった」という。仏教徒による廃娼運動の特色を具体的に見てみると、第一に、仏教不淫淫戒に立脚して廃娼・非娼を打ち出したこと、第二に、消極的な廃娼論を唱えたこと、第三に、存娼論を唱えたこと、がある。第一の立場では、廃娼よりも遊蕩男子に対する仏教不淫戒を説き、娼妓の人権や社会倫理的側面は希薄であった。一八九〇年には、仏教不淫戒の復興を説く仏教不邪淫会が設立されている。第二の立場においては、理論的には廃娼を認めつつ、現実的には公娼を認めざるを得ないという見解をとった。第三の立場では、積極的に存娼論を説くわけではなく、宗教論としての廃娼を否定したわけでもなかったが、檀家に娼家があったり、廃娼論が消極的であったりしたため、世間からは「仏教徒は存娼」と見られることが多かったという。一般仏教徒においては、キリスト教の主導する廃娼運動に感情的反発をする傾向が強かった。これに対して新仏教運動の担い手であった仏教清徒同志会は一九〇〇年、人道上から人身売買の蛮風を打破しようと試み、存娼論をとる旧仏教徒に挑み、大日本廃娼会に加盟している。仏教徒は存娼だという誤解を解きたいという意図からであった（吉田久一、一九六四b、三七四〜三七九、五六三〜五六七頁）。たとえば、後述する毛利柴庵（一八七二〜一九三二）は、一九〇〇年、日本の廃娼運動に奔走しているのはキリスト教徒であるとし、仏教徒は有志が声援を送っているだけだとして、苦悶する娼妓を救済する事業は仏教徒のために授けられたものではないか、と訴え、仏教各宗管長に全国の遊郭へ親教に出向くよう主張している（佐藤、一九七八、五五頁）。

新仏教運動の機関誌である『新仏教』では、廃娼論や婦人解放問題についてもさかんに論じられた。新仏教徒は旧仏教徒が婦女を劣等視するのを批判し、また、男子に純潔を要求しない女子の弱さを突いた。鈴木大拙（一八七〇〜一九六六）は、従来の日本における結婚は、「相互の愛情」を第一義とせず、「関係の両家族の都合を当然の条件」としており、その結果「愛情の満足は此外に求むべきもの」となり、「姦淫の流行」につながっていると指摘している。また、妻が夫に対する態度は「下婢の主人に対するが如く」であり、夫は外に遊びに行っても「良妻」は「妻たる道」を守って洗濯や家計、子どもの世話などに明け暮れており、そこには対等の「愛情」関係が成立していないという（鈴木大拙「家庭の問題」『新仏教』第一二巻四号、一九一一、三〇七〜三一三頁／吉田、一九六四a、四二〇〜四二二頁）。

四　宗教社会主義

キリスト教社会主義と安部磯雄

日清戦争後の産業資本主義の成長とともに、賃金労働者の増加、軍備拡張、租税増徴、物価騰貴、労働者の貧困、などさまざまな社会問題が発生した。その解決策として重視されはじめたのが社会主義であり、社会主義の紹介と普及に大きな役割を果たしたのが、アメリカ帰りのキリスト教社会主義者を中心にして一八九八年に組織された社会主義研究会であった（一九〇〇年には社会主義協会に発展改組）。このアメリカ帰りの代表的人物の一人が、安部磯雄である。安部は聖書の歴史的価値と社会問題の研究を目指してアメリカに留学し、神学校に学んだが、新神学の影響によって伝統的キリスト教からは遠ざかり、キリスト教社会主義者エドワード・ベラミーのユートピア小説（*Looking Backyard*, 1888）を読んで社会主義に目覚め、帰国後は貧困問題が最も重要な社会問題であるとみなして、社会事業による一時的な応急措置ではなく、社会主義による根本的な改革が必要であると説いた。安部は後年、自叙伝の中でこの間の経緯を次のように振り返っている。

今や社会事業が貧乏撲滅の方法として不十分であることを覚つた私は最早一歩で社会主義の領土に踏み入るといふ所まで進んで居たのだ。ちょうど其時私は偶然にもベラミーの小説ルッキング・バックラードを読んだ。私はハッと驚いた。恰も盲者の目が開いて天日を仰いだ如く、私はハツキリと社会問題解決の方法を会得することが出来た（安部磯雄『社会主義者となるまで――安部磯雄自叙伝』改造社、一九三二、二〇一～二〇二頁）。

一九〇一年、安部も参加して日本最初の社会主義政党、社会民主党が結成される。六人の創立者のうち、幸徳秋水（一八七一～一九一一）を除く五人がキリスト者であった。安部の起草による「宣言」では、社会主義と民主主義により貧富の格差を克服して平和主義を実現すると謳われており、軍備全廃、身分制全廃、生産機関の公有化、富の公平な分配、平等な参政権などの理想を掲げた。しかし、一九〇三年の平民社の設立後、指導的地位がキリスト教社会主義者から幸徳ら唯物論派社会主義者に移り、日露戦争が終結する前後に、両者は分裂することになる。安部の立場は、キリスト教も社会主義も弱者のために同情を表するという点において一致しており、キリスト教が精神面から平等主義を唱えるのに対して、社会主義はまず経済上の平等を実現し、それを政治、社会、道徳の面に及ぼそうとするものであり、社会的改造を望む人こそ自己修養が不可欠である、というものであった。木下尚江もまた、人生革命の福音はキリストの精神であり、地上の天国は共産的生活である、と述べていた。しかし、こうした木下の立場は、唯物論派やキリスト教派の双方から攻撃を受けることになる。その批判者であった唯物論派の幸徳は、一九一一年に後述の『基督抹殺論』を発表するにいたることとなる（出原、一九九八、二一五～二五六頁）。

仏教社会主義の形成

いずれにせよ、キリスト教社会主義は日本の社会主義発展史の基礎を築く上で、大きく貢献した。これに対し、同じく宗教でも、仏教は社会主義の受容が遅れ、明治期においてはむしろ反社会主義的立場をとっていた。仏教社会主義が現れるのは、昭和になってからである（船山、一九六一、一一九頁）。一九三一年に妹尾義郎（一八八九〜一九六一）が設立した新興仏教青年同盟がそれであった。本章は明治期を対象とするため妹尾の思想については簡単に紹介するにとどめるが、妹尾は、マルクスの無神論に対し、仏教はもともと無神論であって科学とは矛盾しない、と説き、仏教と社会主義との親和性を強調した。また、資本主義社会は貧困と失業、搾取に汚染されているが、搾取のない相互扶助の生活を営む共同社会の実現、そして生産機関の公有化という社会主義の実現は、仏教徒が率先して取り組まねばならないと妹尾は主張し、さらに、宗派的仏教を厳しく批判して、仏陀のもとに進歩的仏教徒が団結することを説いた（孝橋、一九六八、三七〜四一頁）。妹尾は、結論として次のように論じている。

仏教が無常なる人生への正視を促がすことは永久に正しくも必要なことだ。だが、現代人はそれゆゑに死後霊魂の不滅や未来の浄土を約束せねば安心がえられぬほど暗愚ではなくなつた。無常なればこそ生きゆく一日の生活にも全人生の意義を観じて相愛互恵のよろこびを十二分に味はうと欲することを以て霊魂の正しい自覚と観ずべきだ。そして、この要求を防ぐる不合理なる社会組織の改造運動のごときは、相愛の理想にめざめた魂のやむにやまれぬ必然的行動であることを承知しうるのだ（妹尾義郎『社会変革途上の新興仏教』仏旗社、一九三三、八五〜八六頁）。

さて、明治仏教界にあって社会主義に同情的な態度をとった例外的存在が、先述の清沢満之であった。暁烏敏は、一八九二年頃、東京の丸善にマルクスの『資本論』が出たが、清沢はそれを買って読んだといい、暁烏は「日本で共産主義のマルクスの本を最初に読んだのが清沢先生です」（清沢満之先生五〇回忌記念会編『絶対他力道』大谷出版社、一九五二、六一頁）と証言している。清沢は、「仏教は一種の社会主義を包有す。

真正の宗教は皆な一種の社会主義を欠くべからざるなり」と述べて、仏教が社会主義を包含すると述べた。しかし、社会主義者が「平等」と「自由」を叫び、「君臣上下」の「分」を破壊し、「国家社会の秩序」を壊乱するとして、これは「決して宗教的の社会主義にあらざるべし」と主張した。仏教は「平等」とともに「差別」を認め、「自由」とともに「不自由」を認め、「分」を守って「全体の幸福」に資することを求める。「個人主義」と「国家主義」を調和させ、衝突させないのが仏教の「正鵠」である。社会主義と仏教とは相容れない側面も持っていたのであった（清沢満之『清沢満之全集』第七巻、法藏館、一九五五、一〇三〜一〇四頁）。では、社会主義を包含する仏教とはいかなるものか。清沢は、この仏教社会主義とは国家社会主義であると述べている。「国家社会主義」とは、「国家を以て一段の社会の範囲とし、其の社会の間に、飢渇に苦しむ民なからしむるの方法を実行するにあり」と清沢は説明した。このためには、「国家社会の民人に、最下級の可忍的生計を与ふる、国家の任為と為すこと」と「生存競争を転じて、収益の競争たらしむること」の二つの方法があるとする。また、社会の変遷は、「虚無共産の党人」を生み、これを警戒すべきである今日の急務は、富者が先んじて「国家社会主義」を宣揚することにあるという（清沢満之『清沢満之全集』第五巻、法藏館、一九五六、九三頁／船山、一九六一、一二〇〜一二六頁）。

二〇世紀初頭の仏教革新運動の代表的なものが、右の清沢の精神主義運動と、新仏教運動である。精神主義運動は人間精神の内面に沈潜することで、近代的な信仰を打ち立てようと試み、新仏教運動は、積極的に社会的なものに近づくことで近代宗教の資格を獲得しようとした。その意味で、後者は社会主義に接近しやすい性質を持っていた。新仏教運動から生まれたのが仏教清徒同志会であるが、この「清徒」という言葉に、資本主義や帝国主義に伴う精神構造にいかに仏教を対置させるかという姿勢が現れていた。吉田久一は、

「新仏教運動は公権力に対し激しい対立を示しはするが、社会主義運動ではない。特に彼らは資本家を含めて権力階級に対立し、その限りでは社会主義者に多大の同情を寄せてはいるが、新らしい生産階級として登場してくる労働階級をとらえることはできなかった」と評している。しかし、新仏教運動に参加した仏教徒のなかには、宗教と社会主義の両者によって霊肉が救われるとして、この二思想を調和させるべきだと説いた和田不可得、同志会は綱領に社会主義を標榜せよと要求した鷲尾教導、現社会に不満を持つ者は心身の慰安を得るため社会主義を研究せよと謳った毛利柴庵など、仏教社会主義者と呼ぶべき人々もいた。このほか、高木顕明が社会主義に傾倒していたことは、先述の通りである（吉田、一九六四a、三五五～四〇二頁／佐藤、一九七八、六六～七二頁）。

五　幸徳秋水と宗教批判

『基督抹殺論』

幸徳秋水の遺稿となった『基督抹殺論』は、大逆事件の獄中で脱稿され、一九一一年に新仏教徒の高島米峯の尽力によって出版された。幸徳と新仏教徒との関係は、幸徳の『万朝報』時代からはじまる。幸徳はたびたび『新仏教』に記事を寄せ、大逆事件で逮捕される一九一〇年には、キリストを歴史上の人物として抹殺する研究をはじめたと述べ、警察が執念深く干渉してくると伝えている。幸徳は無宗教主義、無政府主義者であったが、新仏教徒とは親しい交友関係を結んだ。吉田久一は、それが仏教と無政府主義との思想的対決が論理的にし尽くされなかった要因だと指摘している（吉田、一九六四a、四〇八～四一一頁）。

これに対し、キリスト教との思想的対決は激烈であった。それを象徴するのが、『基督抹殺論』（丙午出版社）である。

冒頭部分で幸徳は問う。聖書、殊に新約聖書、殊に福音書は果たして正確、真実、貴重なものであるか。キリスト教徒の家に生まれず、常識的な立場から虚心坦懐に福音書を通読すれば、それらが「奇怪不思議の談話」によってつづられていることに気づく。これは「歴史的事実」として信ずるよりも、「古来の神話小説」の収集としてみるのが安全であろう。記事の前後の矛盾が多い、として幸徳は福音書間の矛盾点を指摘する。それにより、「此辻褄の合はざる談話に対し、誰か之を神話小説視せずして、直ちに史的事実として首肯することを得んや」と幸徳は批判する。

続いて幸徳は、新約聖書がいつ、誰の手で編集されたのかを問題とする。聖書の成立年についての諸説を列挙し、幸徳は今日の四福音書は紀元一八〇年以前においては存在の跡を認めることができず、世に知られるようになってからも今日と同一であったかどうかは疑うべきである、と結論する。さらに、今日の新約聖書は「杜撰虚偽」の作といわなければならないとして、「曰く、四福音書は疑ふべし」と追及する。

この四福音書は二世紀後半以降、「教会の必要」に応じるために「口碑伝説」を補綴し、「私意」を加えて書かれたものであり、幸徳にいわせれば、「今の新約全書が、少なくとも其大部が虚妄詐偽の者なりと断ずるも、決して公平を欠く者に非ざるを信ず」。聖書は神話であり小説であって、読むのも研究するのも結構だが、「基督の伝記としては半文銭の価値なき也」と幸徳は喝破する。幸徳は皇帝ネロによるキリスト教徒の迫害の有無さえも疑問の余地があると指摘し、キリスト教徒を「卑陋なる迷信の徒にして甚だ論するに足らざる者なりしを見るのみ。彼等の信仰せる本尊が基督と名くる者なりしを見るのみ」と批判する。さらに、一世紀、二世紀の「正史古文書」が「耶蘇基督の存在を認知せざる」として、それは当然であり、生誕死亡の時が判然としていないからである、と追及し、キリスト教徒は「文書偽造と投票買収と暴力の多数に依て、其信条を建設するの已なきに至れるまでに其根拠の薄弱なる、何ぞ如此く、其れ甚しきや」と述べる。

さらに、「正史」上に現れてきた多数のメシヤの事例を列挙し、すべてのメシヤのうち「最大最高」と称せられる「耶蘇基督」の生死、言行に関して文献的裏付けがないとして、「黙殺」するほかないではないか、とする。キリスト教の十字架についても、キリスト教専有のものではなく、十字は「野蛮蒙昧」の時から世界いたるところで礼拝されてきたとし、太陽や生殖器を礼拝してきた古代信仰の遺物にほかならない、と断じる。また、聖母マリアの信仰も、古代の女性崇拝の遺物に過ぎないと幸徳は論じた。そして、キリスト教は「根本の教義」から「枝葉の式典」にいたるまで何等独創的なものはなく、古代の太陽信仰、生殖器信仰に起源を発した諸信仰の遺物にほかならず、インドやユダヤ、ギリシャ、ローマなどの「残肴冷杯のみ」であり、史的人物としてのキリストの影像は「益々薄くなり行けるを覚ゆ」と幸徳は論じ、世界のキリスト教徒がキリスト教の由来と信仰の何物たるかを解せば、「大半は其信仰を失墜すべし」といい、キリスト教のよって立つ基礎はただ「無智」のみであるとする。

さらに幸徳は、「基督が血あり肉ある史的人物として、曾て一たび此世界に存在せしとの証左は絶てあること無し」とキリストの実在性に疑問を投げかけ、キリストの復活についても古代各種の「太陽神話」に共通の事件であると指摘し、クリスマスも上古以来太陽の復活を祝すために常に行われてきたものだとする。

全体の結論として、幸徳は「基督教の諸君は、今将た何の処に其基督及び基督教なる者を認めて之を誇らんとする乎」と呼びかけ、キリスト教が「現代宗教としての生命」を喪失していると指摘して、学術に合わず、道理にかなわず、批評に堪えず、常識と容れないものを、倫理道徳の主義、安心立命の基礎とすることができようか、と述べている。幸徳は次のように結ぶ。

基督教徒が基督を以て史的人物となし、其伝記を以て史的事実となすは、迷妄なり、虚偽也、迷妄は進歩を礙げ、虚偽は世道を害す、断して之を許す可らず。即ち彼れが仮面を奪ひ、粉粧を剥ぎて其真相実証を暴露し、之を世界歴史の上より抹殺し去ることを宣言す（幸徳秋水『基督抹殺論』丙午出版社、一九一一、一四七頁〔傍点原文〕）。

幸徳秋水の宗教批判

幸徳は、早い段階から科学的社会主義者の立場から神を否定し、キリスト教を含めた宗教を批判していた。『中央公論』一九〇三年三月号に掲載された「社会主義と宗教」では、宗教の骨髄は「神」であるが、「近世社会主義」は、哲学的、歴史的、科学的道理の基礎に立って、「自由と平等を実現し、人間自ら支配せん」とするものであって、「無上の権者」を認めない、と述べている。また、キリスト教徒は、個々人によって異なる神観を持っており、内村鑑三の神と海老名弾正の神は異なり、それは「滑稽至極」ではないか、と追及して、「科学的社会主義は、強て神なる空名を存するの必要はないのである」と断じた。その上で、幸徳は宗教にとって代わって「将来の人生を支配すべき宗教」として、「社会主義」を挙げ、それは「人類社会全体の健全なる幸福なる進化を希ふものである」とする（幸徳傳次郎「社会主義と宗教」『中央公論』第一八年三号、一九〇三、二五〜三〇頁〔傍点原文〕）。

この二年後、新聞紙条例違反で入獄した幸徳は、獄中に聖書を持って行ったが、何のために持って行くのか尋ねた木下尚江に対して、「彼は左も気の毒そうに予の顔を見上げて、『牢屋で一つ耶蘇の穴探しをしてやるのだ』と軽く笑つた」（木下尚江「『基督抹殺論』を読む」『木下尚江著作集』第一二巻、一九六九、明治文献、一〇七～一〇八頁）という。幸徳と木下は友人であったが、キリスト教をめぐっては論争を繰り返し、幸徳は木下に棄教するよう説得していた。以後、獄中時代からキリスト教批判の腹案を練り上げていった幸徳は、一九一〇年四月から『基督抹殺論』の執筆をはじめ、一一月には脱稿したといわれている。一九一一年二月一日、幸徳の死刑執行の八日後に発行された（林茂・隅谷三喜男「解題」幸徳秋水『基督抹殺論』岩波文庫、一九七七、一六三～二〇〇頁）。

参考文献

伊藤秀吉（一九三一）『日本廃娼運動史』廓清会婦人矯風会廃娼聯盟
小川原正道（二〇一〇）『近代日本の戦争と宗教』講談社
近藤俊太郎（二〇一三）『天皇制国家と「精神主義」―清沢満之とその門下』法藏館
佐藤任（一九七八）『毛利柴庵―ある社会主義仏教者の半生』山喜房仏書林
孝橋正一（一九六八）『社会科学と現代仏教―仏教の社会化をめざして』創元社
出原政雄（一九九八）「明治社会主義の思想構造」西田毅編『近代日本政治思想史』、ナカニシヤ出版
船山信一（一九六一）「明治仏教と社会主義思想」法藏館編集部編『講座　近代仏教』第二巻、法藏館
吉田久一（一九六四ａ）『日本近代仏教史研究』吉川弘文館
――（一九六四ｂ）、『日本近代仏教社会史研究』吉川弘文館

コラム⑥　生殖・政治・民俗

岩田重則

一　嬰児殺しまた堕胎の記事

明治期の新聞をみていると、現在では想像すらできない記事に出くわすことがある。

明治期の新聞は、地方紙であっても、政論紙的性格が強い。たとえば、このあと紹介する静岡県では、『静岡民友新聞』と『静岡新報』という二大紙があり、前者は憲政本党（↑進歩党↑立憲改進党）、後者は立憲政友会（↑憲政党↑自由党）の地方機関紙的性格をも持っていた。その一面は華やかな政治の世界であった。

ところが、紙面をめくり社会面、三面以下をみると、文字通りの三面記事が続く。明治期の新聞のくくりでいえば、一面は大新聞《おお》、しかし、三面以下は小新聞《こ》であった。

『静岡民友新聞』一九〇〇（明治三三）年三月二三日第五面、長方形に囲われた枠の中、次のような公告が掲載された。

公告

一　身丈《みたけ》壱尺三寸五分
一　生後数日間ヲ経過セシモノ
一　女性嬰児《えいじ》死体　但裸体

右者《みぎは》明治三十三年三月十六日掛川町字《あざ》〇〇水車精米所ニ引用スル逆川《さかさがわ》流レニ設置シアル堰場《せきば》ニ掛リ居《おり》タルヿ《コト》ヲ発見シ正規ノ手続ヲ経タル後仮埋葬取《とり》計候条《はからいそうろうじょう》心当リノ者ハ掛川町役場ヘ届出《とどけいで》ラルベシ此旨《このむね》公告ス

明治卅《さんじゅう》三年三月十八日
小笠郡掛川町役場［固有名詞は〇〇とした］

掛川町役場による、水車精米所の小川で発見された女子嬰児死体についての行旅《こうりょ》死亡人公告であった。この時期の『静岡民友新聞』には、これ以外でも、町村役場による嬰児死体公告が散見される。

これは死体遺棄であった。しかし、それが嬰児殺しによるのか自然死によるのか、それについては不明である。

明らかな嬰児殺しもあった。

『静岡民友新聞』一九〇九（明治四二）年六月一〇日第三面「何者の残虐ぞ」は、静岡市郊外、長田村の用水路から嬰児死体が発見された記事である。「産れて間もなき嬰児の而《し》かも骨格逞《たくま》しく美しき男子の屍体を縞木綿《しまもめん》の褌《ゆもじ》にて巻きたるまゝ放棄」していた。検死・解剖の結果、窒息死であることがわかった。

出産後の嬰児殺しに対して、胎児の堕胎もあった。

『静岡民友新聞』一九〇九（明治四二）年一二月五日第三面「島田堕胎美人」によれば、志太郡岡部町の妊娠七ヶ月の二五歳女性が、同郡大長村の八〇歳の女性が配合した薬を服薬し、「七ヶ月の嬰児を堕胎死に至らしめ（中略）竊《ひそか》に死児をば同村の川中に投込みて流失せしめ」た。しかし、警察署に探知されたために島田署に自首した。

このような嬰児殺しまた堕胎、そして、その死体を河川へ遺棄したという記事は多い。嬰児の死体遺棄は埋葬もあるが、河川への遺棄が多い。大正期に入っても散見される。

これらは特殊ではない。一九三四（昭和九）年設立母《ぼ》子《し》愛育会《あいいくかい》の内部組織愛育調査会が、一九三五（昭和一〇）年から一九三八（昭和一三）年にかけて行なった全国的規模の妊娠・出産・育児調査、その調査報告書、恩賜財団母子愛育会編『日本産育習俗資料集成』（一九七五）の妊娠九「避妊・堕胎・間引き」をひもとくと、各地の調査資料に同様の状況をうかがうことができる。一九三〇年代、過去の記憶をたどった調査資料であるから、その年代は幕末期から明治期のものであろう。

嬰児殺しまた堕胎は、倫理的には否定的にとらえられることが多い。隠蔽されるのが普通であろう。しかし、近現代社会に入っても、それらは確実に行なわれ、死体は埋葬だけではなく河川へ遺棄されていた。

二　嬰児殺しまた堕胎の理由と罪

それでは、このような嬰児殺しまた堕胎が行なわれていた理由は、どこにあるのであろうか。いくつかの可能性が考えられる。

一つは、道徳的理由である。婚外子であることがそれをさせていた可能性である。二つは、経済的理由である。貧困がそれをさせていた可能性である。既婚者による場合は、限られた経済状態のなかで、家族数限定を目的とする家族計画とでもいうべき選択があったと考えることもできる。一つめも二つめも、やむを得ない事情があったことであろう。そして、三つは、生殖をめぐる倫理観に嬰児殺しまた堕胎を是認する観念が存在した可能性である。あるいは、それらを罪科と認識しない観念があった可能性である。

そして、四つは、一つめの道徳的理由、二つめの経済的理由、これらに三つめの倫理観が複合して、嬰児殺しまた堕胎が社会的慣行として継続していた可能性である。先にみた『静岡民友新聞』のような記事、『日本産育習俗資料集成』の調査資料、これらが一般的であることから推定して、嬰児殺しまた堕胎は社会的慣行であった可能性が高い。

しかし、いうまでもなく、嬰児殺しは殺人である。また、堕胎についても、明治政府は、刑法によってそれを禁止、犯罪としていた。

一八八〇（明治一三）年七月一七日太政官布告第三六号刑法の第八節「堕胎ノ罪」。その第三三〇条は、「堕胎ノ婦女薬物其他ノ方法ヲ以テ堕胎シタル者ハ一月以上六月以下ノ重禁錮《じゅうきんこ》ニ処ス」とする（『法令全書』）。それ以下の条文では堕胎関係者の罪科が決められた。この日本で最初の刑法は、一九〇七（明治四〇）年四月二四日法律第四五号によって改正された。第二九章「堕胎ノ罪」。その第二一二条は、「堕胎ノ婦女薬物ヲ用ヒ又ハ其他ノ方法ヲ以テ堕胎シタルトキハ一年以下ノ懲役《ちょうえき》ニ処ス」とする（『法令全書』）。罪科は重くなった。

堕胎罪、「堕胎ノ罪」は、厳密にいえば、現行刑法でも継続している。一九九六（平成八）年母体保護法（←一九五二年改正優生保護法←一九四八年優生保護法）による「指定医師」による「人工妊娠中絶」が認められているために、死文化しているにすぎない。

日本の近現代国家、刑法は、嬰児殺しまた堕胎を禁止してきた。嬰児殺しは出産後の殺人であるが、いっぽう、現在では「人工妊娠中絶」として認める堕胎をなぜ禁止したのであろうか。

これについては、一般的には、儒教的倫理観、また、富国強兵政策による、と説明されてきた。しかし、刑法に「堕胎ノ罪」が盛り込まれた経緯は明確ではない。「堕胎ノ罪」は、生殖についての女親・男親の権利を奪うと批判されてきたが、生殖観念とは無関係なところで「堕胎ノ罪」は設定されている。

「堕胎ノ罪」は、侵略政策主義的人口政策との関連で論じられることがあった。堕胎は人口減少をもたらすので、海外発展に支障が出るという。その代表的議論は、統計学者呉文聰《くれあやとし》（一八五一～一九一八）が、一九〇五（明治三八）年に発表した『戦後経営 人口政策 完』、一九〇七（明治四〇）年三月『国家医学会雑誌』第二三九号に発表した論説「堕胎論」であるという。呉の議論を、近現代国家の既定の政策とする説明もあるが、彼は農商務省などで官僚経験はあったが、侵略主義的政策の立案者であったわけではない。彼の論説は一意見にすぎない。すくなくとも明治期までは、「堕胎ノ罪」をもって侵略主義的人口政策のなかに位置づけることは難しい。そして、この「堕胎ノ罪」が設定された目的もいまだ明らかではない。

ただ、確実にいえることは、社会的慣行と近現代国家の法令「堕胎ノ罪」とが相剋をきたしたことである。近現代国家が「堕胎ノ罪」により新たな犯罪を造っていた。

第八章　明治の終わりと宗教――「皇室＋神社」が当たり前になるまで

平山昇

一　はじめに

明治の最後の年となった一九一二（明治四五）年の二月、当時の神社神道界の全国組織の機関誌に次のような論説が掲載された。

「国家の中心は、勿論皇室である。併し皇室の後には、神社有ると云ふ事を忘れてはならぬ」（丸山正彦「神社は我が邦徳育の中心たらざる可からざる事」『神社協会雑誌』第一一年第二号、一九一二年二月〔傍点は引用者。以下同様〕）

これを読んで不思議に思う人もいるかもしれない。皇室と神社が結びついているのはごく当たり前のこと。現代でもそうであるし、戦前であればなおさらであろう。それなのに、なぜわざわざこのようなことを主張しなければならなかったのか――。

答えは簡単である。明治末年の段階では、皇室と神社の結びつきは必ずしも自明のものではなかったからである。もちろん、明治期にも皇祖神を祀る伊勢神宮には特別な敬意がはらわれ、これに「不敬」をはたらいたと喧伝された森有礼は暗殺されてしまった。だが、それ以外の大多数の神社については、皇室と結び付けて崇敬するということは当たり前のことではなかった。日露戦後の地方改良運動で神社中心主義が推進されたとよく概説されるが、それが人々の思想や心情にどれほど影響を及ぼしたのかについては、ほとんど明らかにされていない。そもそも、もしその政策が十分に機能したのであれば冒頭のような苦言は出て来るはずもない。いずれにせよ、「皇室は尊崇するが、神社は重視しない」という立場は明治期には珍しいものではなく、だからこそ神社界では右のような主張がなされたのである。

いわゆる「国家神道」論をはじめとして、近代天皇制と神社神道をめぐる議論では、「神社を通して天皇制ナショナリズムを国民に教化しようとする」（磯前、二〇〇三、一〇一頁）といったように、天皇崇敬が最重要目的で、神社がその補助的手段という前提があった。だが、「天皇は尊崇するが、神社には違和感がある」という人々がいる場合は、神社はむしろ余計な邪魔物となる。実際に神社参拝をめぐっては、その強制に対してキリスト教や浄土真宗などからたびたび異議申し立てがなされたが、その主張を簡単にまとめれば〝私たちなりに十分な誠意をもって天皇を尊崇し、国家のために尽しているのに、どうして神社参拝という宗教的行為をしなければならないのか？〟というものであった。内地だけではない。「帝国」の勢力範囲が拡大して異民族を抱え込むにつれて、〝天皇崇敬は受け入れるとしても、神社参拝には納得できない〟という違和感がくすぶり続けていく。もしかしたら、皇室から神社神道を切り離した方が「帝国」としてほんの少しでもまとまりやすくなったのではないかとすら思えてしまう。

そうすると、問い直すべきは、「皇室＋神社」が自明となっていった過程であろう。大逆事件後、教育勅語を注入すればよいという文部省の基本原則を乗り越えて、全国の児童を伊勢神宮に参拝させよと主張した小学校校長。明治天皇死去後に〝明治天皇を追悼・記念するには神社でなければダメだ！〟と息巻いた投書者。彼らはなぜ神社を通さなければ本物の天皇崇敬にはならないと考えた（あるいは感じた）のだろうか。そして、このような感覚に納得できない人々、すなわち、「天皇は尊崇するが、神社には違和感がある」という国民には、その後どのようなまなざしが向けられていったのだろうか。

本章では、明治末期の一九一〇～一二年に立て続けに生じた一連の出来事を通じて、〝天皇崇敬は血の通った心情をともなうべきであり、その心情は神社を通してのみ発露できる〟という「国民の感情」が凝固していった過程を明らかにしていきたい。

二　大逆事件——〝第二の幸徳〟という亡霊

大逆事件（幸徳事件）は今日では多くが冤罪であったと知られているが、当時は幸徳秋水らが天皇暗殺を企てたとされ、社会に甚大な衝撃を与えた。この少し前には、日露戦後の国民教化の引締めのために戊申詔書が出たばかりであった。それなのに大逆事件は未然に防げなかったとなると、〝第二の幸徳〟が出てこないためにはいったいどうすればよいのか——。これ以後の国民教化は〝第二の幸徳〟という亡霊にとりつかれていたと言っても過言ではない。

「宗教」への注目

ここで注目を集めるようになったのが「宗教」である。社会主義の唯物思想が天皇に危害を加えようとする危険思想を生み出したと考えた人々は、「宗教」特有の敬虔な気持ち（「宗教的情操」）が危険思想の予防に役立つと考えた。一九一二（明治四五）年二月に内務次官床次竹二郎の呼びかけで行われた三教会同は、姉崎正治などの宗教学者が関与したことも示すように、既成宗教をこえて理想的な「新宗教」をつくろうとする明治後期の知識人の動きが内務省の国民教化策と結びついたものであった。姉崎と同世代の宗教学者の加藤玄智も、当局者の宗教軽視が大逆事件をもたらしたとの認識から、天皇崇敬は単なる「崇敬」ではなく、天皇を「本尊」とする「天皇教」であると主張するようになる。

もっとも、これらの動きは政府・宗教界・知識人の内輪でとどまり、社会への影響は限定的であった。一つには、宗教学者をはじめとする知識人たちが希求した「宗教」とは、国民一般の生活からは大きく隔たった抽象的なものだったためである。もう一つには、学校教育に「宗教」を導入することを文部省が頑として認めようとしなかったからである。

〝小学児童を神宮に参拝させよ〟

実は、大逆事件をめぐっては、右のような「上から」の教化策とは異なる別のリアクションが生じていた。それは、言葉や理屈ではなく「体験」という直感的なアプローチで国民教化を目指す動きである。声をあげたのは初等教育関係者たちである。

一九一一（明治四四）年、大澤正巳という東京の小学校長の論説が『読売新聞』に掲載された。大澤は、前年に「宿願」の伊勢神宮参拝をはたした体験について、次のように記す。

「神前に額づき拝礼した一瞬間は、満身云ひ知ぬ敬虔の感にうたれ、我知らず皇統無窮！国運長久！と念願し、暫し感涙の落つるを覚えなかつた。〔中略〕何となく尊く有り難さに去り兼ねて程近い杉の根本に憩ふて居ると、年老いた一人の農夫らしい者が菅笠片手に二人の子を連れて参拝し、合掌再拝何事をか祈念しつゝ、感涙に咽ぶ様子であつた。〔中略〕敬神てふことは大和民族固有の徳性で、七百余年前の西行も今の農夫も此徳性の発現に外ならぬ。〔中略〕此涙ありて始めて国家を泰山の安きに置《おく》を得べく、此の涙にして若し涸渇せば国家は甚だ危険である。知らず或種の極端なる思想を懐くの徒、果して此の霊感の涙有りや否〔や〕」（『読売新聞』一九一一年七月三〇日「小学児童の伊勢参宮」）

伊勢神宮に参拝すれば「敬虔の念」にうたれて「感涙」を流すことができる、そのような人間を育成しなければ国家の将来は危うい。「或種の極端なる思想を懐くの徒」、つまり大逆事件を起こした者たちはこの「涙」がなかったから危険思想に染まったのだ――。伊勢神宮参拝という「体験」を通じて自身が流した「感涙」と、たまたま目にした老人が流した「感涙」とに精神的一体感を感じた大澤は、そのように考えた。この論説の最後に結論として記されたのは、「公費を以て貧富の差別なく悉く」小学児童に神宮を参拝させよという提案であった。

小学校校長と『読売新聞』

現代の我々は「崇敬する＝参拝する」と当然のように考えがちである。だが、この二年前（一九〇九年）に神宮の式年遷宮が行われた際、文部省から全国の学校で関連する訓話をするようにと通達が出たものの、参拝が奨励されたわけではなかった。当時は中長距離の旅行は贅沢であり、全国の児童を「貧富の差別なく」伊勢神宮に参拝させるというのは相当に困難なことであった。実際に、この後昭和に至るまで、伊勢参宮修学旅行の「無賃」化を求める教育界と営利主義を堅持する国鉄とのあいだで攻防が続くことになる。大澤とてそのような壁が立ちはだかることがわからぬはずはない。それでも大澤は神宮参拝の「体験」を通じた「涙」の共有が必要だと考えた。それはなぜだろうか。

小学校校長という立場は、「上から」の施策と、教育現場で接する「現実」との狭間にある。政府内では、危険思想の予防のために教育に「宗教的情操」を導入することを主張する宗教学者たちと、教育勅語を盾に宗教の介入を拒む文部省当局や教育学者との議論が、昭和戦前期に至るまで何度も繰り返され、堂々巡りに終始した。だが、小学校の校長にとっては、学者や官僚が机上の空論で折合いをつけることよりも、自分の勤務校から〝第二の幸徳〟を生み出さないことの方がはるかに重大な課題であった。実際、時代は下るが一九二三年に皇太子裕仁が狙撃された虎ノ門事件では、犯人（難波大助）の出身小学校の校長と担任は責任をとって辞職する事態となった。いざとなったら責任をとらされかねない小学校教育の現場責任者として、「宗教」を教育に介入させないという文部省の原則をいちおう守りながらも、危険思想の防波堤となる情操を児童たちに共有させる方策として行き着いたのが、伊勢神宮参拝だったのではないだろうか。ここで幸いなことに、伊勢神宮参拝には大変便利な決まり文句があった。西行が神宮を参拝して詠んだと伝えられる「何事のおはしますをば知らねどもかたじけなさに涙こぼるる」の歌である（先に引用した大澤の論説でも西行が言及されている）。なぜ便利なのかと言えば、この「涙」が宗教的情操であるとも、そうでないとも、どちらともとれるからである。実際に、この西行の歌はこのあと戦前を通じて伊勢神宮参拝をめぐる言説で金太郎飴のように多用され続けていく。

ここでもう一つ気になるのが、大澤の意見が掲載されたのが、『読売新聞』であったということである。この論説が掲載されたのは七月であったが、同じ年（一九一一年）の一月一九日、諸新聞が前日の大逆事件の判決を報じた日に、『読売新聞』は本郷富士前小学校長峯《みね》間《ま》信吉の友人の読売新聞記者（豊岡半嶺）による社説を掲載した。南北朝が並立していたとする国定教科書の内容を大逆事件と結び付けて攻撃したもので、南北朝正閏問題の政治問題化のきっかけとなった社説である。

大澤の論説は南北朝正閏問題のようなセンセーションを巻き起こすことはなかった。だが、峯間も大澤も文部省系統での上申という公的ルートではなく、あえて『読売新聞』というメディアを通じて意見を広く社会になげかけたことには、間違いなく意味がある。おそらくは、文部省の原則に従っているだけでは〝第二の幸徳〟を予防するのに十分ではなく、万が一飛び出てしまえば真っ先に責任を取らされかねないという、初等教育の現場責任者ゆえの切迫した動機があったのではないか。大澤が、全国の小学児童を伊勢神宮に参拝させようという大がかりな提案に踏み込んだのも、そのように考えれば理解できよう。

抑圧の萌芽

以上みてきたように、初等教育の現場責任者から、理論的解決よりもむしろ伊勢神宮参拝という「体験」による「涙」を共有させることによって〝第二の幸徳〟が生まれないための防波堤にしようという意見がメディアを通じて表出された。

ただし、「皇室＋神社」がまだ自明ではなかった当時、神社に参拝すれば望ましい皇室尊崇の心を持つことができるという意見がすぐに社会を覆いつくしたわけではない。大澤の意見もあくまで伊勢神宮に特化しており、神社全般を敬うことを提唱したわけではない。

だが、ここにはすでに神社をめぐる後の時代の抑圧の萌芽が胚胎していた。神宮参拝の「涙」を共有できる国民を育成しようとするとき、参拝しても涙を流せない者がいたらどうするか。先に引用した大澤の文章に続けて記されていたのは、次の一文であった。

「余は伊勢大廟を拝して敬虔の極涙を流さざる者は日本国民に非ずと断言するものである」

神宮を参拝しても「敬虔の極涙」を共有できない者は〝第二の幸徳〟になり得る危険人物であり、まともな

「日本国民」ではない――このように理屈抜きで排除されてしまうのである。

三　一九一二年の夏――「国民の感情」が沸騰した六〇日間

明治天皇の大喪が行われて間もない一九一二年九月一九日、『東京朝日新聞』の社説は次のような一文を載せた。

「明治天皇崩御以後五十余日、国民の感情は異常なる興奮をなせり」

この社説では明治天皇崩御を起点としているが、これからみていくように、「国民の感情」の「興奮」状況は、明治天皇の重態が報じられた七月二〇日から始まったので、ここでは六〇日としておこう。筆者は、天皇に対する熱誠を神社と独占的に結び付けて反対者を封殺する「民意による抑圧」の系譜において、この六〇日間が重要な転換点になったと考えている。以下、『東京朝日新聞』の記事を中心にみていこう。なお、本節では一九一二年の記事については月日と見出しのみ記す。また、『東京朝日新聞』の記事は紙名を略す。

東京における平癒祈願のはじまり――神・仏・基の平癒祈願

一九一二（明治四五）年七月二〇日午前一〇時半、宮内省は天皇の病状が深刻であることを発表し、午後二時の『官報』号外でその詳細を公表した。この一報が伝わるや全国各地で平癒祈願が開始され、神社がその中心となった。

ところが、ここに巨大な例外が存在した。帝都東京では、神社ではなく宮城二重橋前の広場が平癒祈願の中心地として浮上したのである。ただし、重態発表の直後からではない。

宮内省発表翌日の新聞各紙をみると、発表当日のうちに増上寺・琴平神社・護国寺が平癒を祈願したことを報じている。増上寺は午後三時から、後二者は午後四時からという迅速な対応であった（七月二一日「御平癒の祈祷」）。これを先駆けとして、市内の様々な寺院や神社で平癒祈願が行われるようになり、新聞各紙はその模様を詳細に報道し始めた。

見逃してはならないのは、この段階では特に神社に偏ることなく神・仏・基がまんべんなく取り上げられたということである。キリスト教徒も十分なスペースを割いて報じられており、たとえば発表翌日のニコライ会堂における平癒祈願については『東京日日新聞』（同二二日「ニコライ会堂に於ける　聖上御平癒の祈祷」）と『読売新聞』（同日「御平癒の祈祷」）が写真を掲載して目立たせている。特に後者（図1）は、神・仏・基の平癒祈願を一箇所ずつ写しており、初期の平癒祈願報道の特徴を端的に示している。この年の二月に行われたばかりの三教会同が念頭におかれていたのであろう。

このように、東京では神社が平癒祈願の中心となることはなかった。これは、後に誕生する明治神宮のような「中心神社」が存在しなかったためである。実際、東京市長阪谷芳郎が市民を代表して平癒を祈願した神社さえ一つに定まっていなかった。阪谷は二二日に神田明神と日枝神社において平癒祈願を行ったが、この両社はもともと江戸の惣鎮守、徳川家の産土神であったから、阪谷の平癒祈願は江戸の伝統の延長上で行われたとも言える。

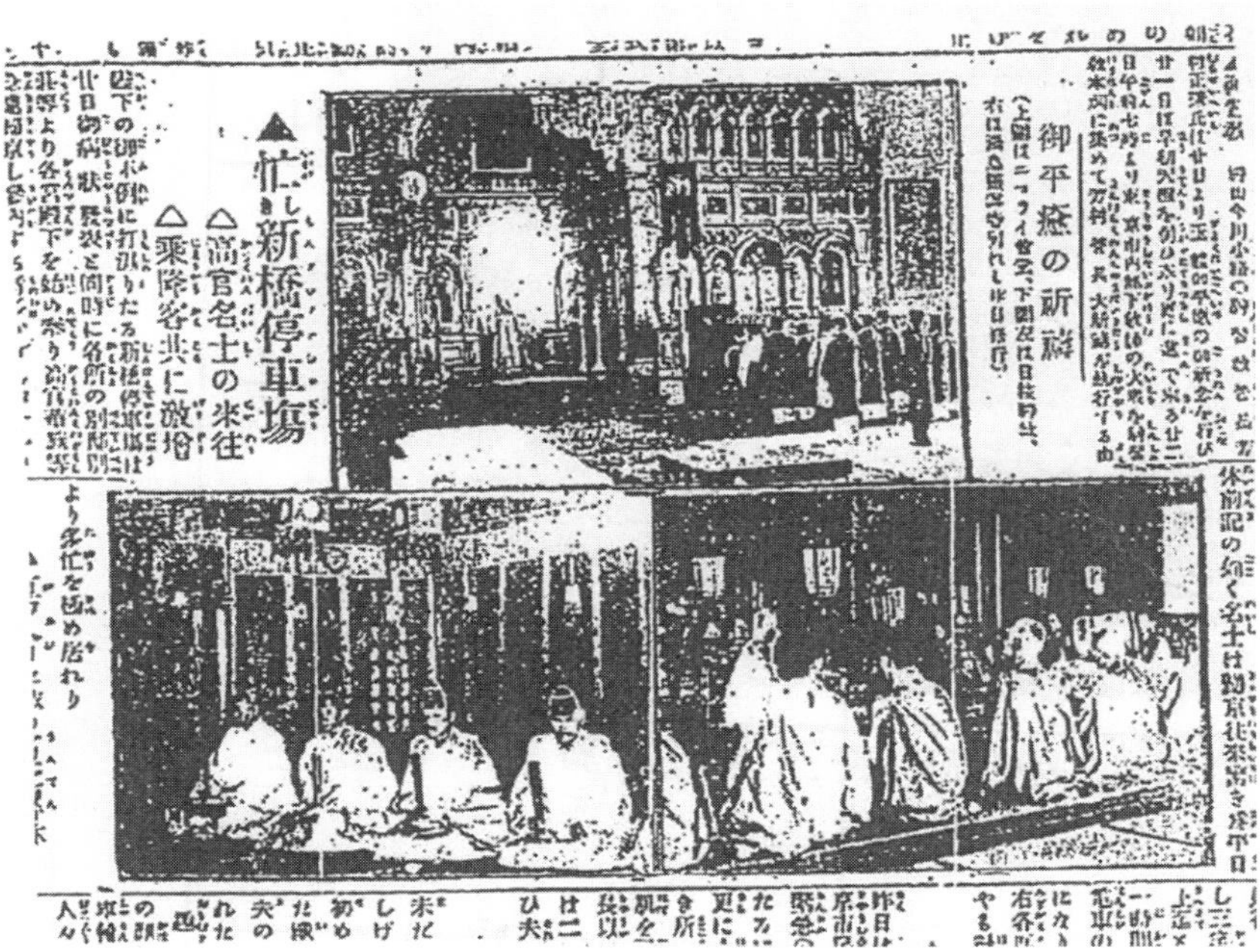

図1　『読売新聞』1912年7月22日「御平癒の祈祷」
（注）　写真上：ニコライ会堂、同左：日枝神社、同右：湯島霊雲寺

二重橋前の群衆の出現──「形はさまざま／心はひとつ」

そのようななかで平癒祈願の中心地としてにわかに浮上したのが宮城二重橋前広場である。ただし、この場所で平癒祈願の大群集が発生するということは当初全く予想されていなかった。二重橋前での平癒祈願を報じる記事は、重態発表翌日ではなく一日おいた二二日に初めて掲載された（『東京朝日新聞』だけでなく他の在京新聞も同様）。二五日には「宮城前二重橋畔には聖上御悩の御平癒を祈らんとて来るもの陸続として引きも断らず」（七月二五日「民の真ごゝろ　昨日の二重橋畔」）と報じられているが、筆致はまだ冷静である。ところが、二七日になると「遙拝者皆泣く」「誰か至情に動かされざらんや」（同二七日「昨日の二重橋　▽集へる庶民の憂色」）と熱を帯びはじめ、翌二八日には絶叫調となる。

「苟も日本に生れて都近う住めらん限りの者は何事をさし措いても請ふ、行け！〔中略〕凡そ祈りまつる様こそ様々なれ、わが大君の御わづらひ片時も早く癒えて御命の幾千代かけて長かれとねぎまゐらする真心の面に出でざるはなし。〔中略〕行け！行け！二重橋の辺に！」（同二八日「二重橋に行け　▽大なる精神的教育　▽末代迄の語りぐさ」）

おそらくこの段階で、報道に刺激された読者が二重橋前につめかけ、それを報じる報道がさらにエスカレートするという、一種のスパイラルの状態に入ったと思われる。なぜこれほどのエスカレーションが生じたのか。きっかけとなったのは、ある一枚の写真だった。

二五日までの二重橋平癒祈願の写真の被写体となったのは、整然と立礼して天皇の平癒を祈願する小学生や軍人であった。いかにも〝模範的〟な振る舞いである。

ところが、翌日以降、これとは全く異なるタイプの祈願者がクローズアップされるようになる。先駆けとなったのは、「二重橋下の臣民」と題された写真（図2）である（同じ二六日に同一写真が『時事新報』『万朝報』にも掲載されている）。老婦人が、夏の暑さにも関わらず下駄を脱いで地面に土下座し、一心不乱に平癒を祈っている。この姿は大きな衝撃を人々に与えた。ある新聞記者は翌月に平癒祈願報道を振り返って次のように記している。

「最も自分の感情を刺激したのは、六十有余の或る老婆が風采《みなり》は洗晒しの浴衣の着流しで賤しかつたが、蝙蝠傘も足駄も傍《かた》へにかいなぐり捨てゝ二重橋前の砂利の上にペツたりと坐つて、専心一意、祈祷の誠を捧げて居るのであつた。（中略）地に伏して祈るといふ事は言葉には聞くが、眼の当り之れを見るのは初めてゞあつた」（松原至文「御不例より御崩御迄」『新公論』第二七巻第九号、一九一二年九月、二六頁）

そして、同じく二六日から大々的に報じられたのが、多種多様な祈祷者たちである。

「砂利の上に跪き或は数名数十名、神道何々、仏教何々と記せる提灯の下に集まりて大般若経を誦するあり、心経を唱ふるあり、或は天に向ひて黙祷し地に俯して祈願するあり」（七月二七日「昨日の二重橋▽集へる庶民の憂色」）

このなかには、涙を流しながら「アーメン」を叫ぶ救世軍の士官も混じっていた（同二八日「二重橋前」）。大群衆がいっせいに祈願するだけでも壮観であるのにくわえて、土下座や多種多様な祈祷の姿が非日常的な雰囲気を極限化する作用をもたらしたことは想像に難くない。かくして、当初はとくに注目されていなかった二重橋前は、前代未聞の「群集！　大群集！」（同三〇日見出し）が出現してにわかに突出した存在となっていった。

二重橋下の臣民

昨日午前三時頃より正午十二時に至る二重橋外及坂下門外の遙拜者は前日に比し一層増加せる模樣にして所轄警察署の調査に依れば團體個人を合せ其數實に六千二百餘名に及びたり團體は小學校生徒多く個人は地方より來りしもの多き模樣なりき何れも謹嚴に宮城の方に向ひ赤誠を籠めて陛下の御平癒を祈らざるはなし茲に掲ぐるは同日午前十時三十分二重橋前に跪きたる一老婦人なり

図2 『東京朝日新聞』1912年7月26日「二重橋下の臣民」

このような多種多様な祈祷行為は、従来は迷信行為として知識人からしばしば非難されていたもので、後日になって姉崎正治も「中には随分奇妙な遣り方も交つて居て、之を極端に言はゞ百鬼夜行と言はれても致方のない様な状態」（八月一三日「二重橋外の祈祷に就きて　▽姉崎文学博士談」）と評している。しかし、これらの行為が天皇の平癒を願う気持ちによるものであるということは、誰も否定しえなかった。そこで知識人たちが異口同音に唱え始めたのが、行為そのものは賞賛しないものの、その行為の背後に天皇を思う「感情美」を見出すという評価である。「真心／至誠／至情／熱情／熱誠／赤心／赤誠／感情美」などと表現は実に様々であるが、意味するところは大同小異であろう。

知識人たちは単なる平癒祈願にショックを受けたわけではなかった。小学生や軍人たちの整然とした祈願は、称賛はしても驚愕するほどのことではない。土下座や祈祷という、〝模範的〟な国民像からは程遠い形でかえって熱烈に天皇の平癒を祈願する群衆を目の当たりにした知識人たちは、そこに理屈では説明できない「感情美」があると感じとり、彼らと自身との間にかつてない精神的一体感を感じて感激したのである。それゆえ、このエスカレーションのなかで、「貧しき老人若き奥様さては賤しき稼業の者まで姿、形こそ皆とりどりなれ、上を想ふ赤誠は皆同うして」（七月二七日「昨日の二重橋　▽集へる庶民の憂色」）といったように、「形はさまざま／心はひとつ」を強調する言説が繰り返されるようになった。

後日、宗教学者の姉崎正治はこのエスカレーションについて、従来はこのような祈祷は個別の場所で行われるものだったが、現在は「集会言論の自由」があるために「期せずして二重橋前の集会を生ずるに至り」、「祈の方法が斯の如く団体的になつた為その熱情も一層高まつた」と分析した（八月一三日「二重橋外の祈祷に就きて　▽姉崎文学博士談」）。もっとも、たとえ「集会言論の自由」があったとしても、そもそも多種多様な祈願行為が許容される場でなければ、右のような祈願の大群集は生じ得ない。

神社はこのような場として不適格であった。神社が含む「宗教」的要素に違和感を持つ人、あるいは、「帝国」の拡大（多民族化）に不適合なものとして神社に対して否定的な考え方を持つ人等々。神社はこのような人々を遠ざけてしまう。多種多様な宗教的・民俗的祈願を神社で自由に行うわけにもいかない。これに対して、二重橋前広場は天皇への近さを感じることができる上に「何もない空間」（原、二〇〇三、二九頁）であったがゆえに、誰もが思い思いの形で祈願することができ、「アーメン」すら叫ぶことができたのである。

従来の「国家神道」論は、神社神道によって天皇崇敬が「上から」強化される側面を強調してきた。だが、一九一二年の東京では、「集会言論の自由」という国民の自発性と、神社ではなく二重橋前広場という開放的な場が結びついたことによって、多種多様な信仰・信条を包み込んで天皇崇敬の一体感が高揚するという光景が、短期間ながら実現したのである。平たく言えば、このときの天皇は、「みんなの天皇」だった。

明治神宮創建論争――「感情美」と神社の結合

天皇は二九日夜（公式発表では三〇日未明）に「崩御」して、平癒祈願は終わりをつげたが、このとき発露した「感情美」は、姉崎が心配したように「一時的の発作」（七月三〇日「未曾有の宗教的発現 ▽姉崎文学博士談」）に終わることはなかった。直後に起こった明治神宮創建論争においてふたたび「感情美」が浮上してくるのである。ただし、その中身は、この論争のなかで大きく変質していくことになる。

明治天皇が死去した直後から、東京の政財界人たちのあいだで天皇陵を東京に設けることを目標とする運動が起こった。だが、ほどなくして陵墓が京都にもうけられることが宮内省から発表されると、かわりに明治神宮を東京に創建すべしという世論が沸騰した。その是非をめぐって『東京朝日新聞』の投書欄で論争が起こったが、結論を先取りしていえば、賛成派と反対派の意図せざる共同作業のなかで、二重橋前平癒祈願で見出された天皇を思う「感情美」は、神社と独占的に結び付けられていくことになった。

反対者たちは決して「先帝」の追悼・記念に反対したのではなく、それを神社と結びつけることに異論を唱えた。理由はもちろん、神社が帯びる「宗教」性である。興味深いことに、「皇室将来の御信仰の自由の為め」に反対すると主張する者もいた（八月一二日、尾島真治〔筆名。以下同様〕）。将来的に皇室と神社神道との結びつきが弱まっていき、皇室のなかから神道以外の「信仰」を持つ者が現れる可能性を想定しているのである。彼らにとっては「皇室＋神社」は自明でも正当でもなく、その結びつきは今後いっそう揺らいでいくと思われた。

だが、もう一方の賛成派は、このような意見にまったく共感できなかった。彼らは、反対派が自分たちの大切な気持ちを踏みにじっているようにしか思えなかったのである。

「神社建設に何をがなケチを付けて中止せしめようとする奴共は基督教徒だ。何かにつけて彼等は日本固有の習俗を破壊し去らんとするは憎むべき奴だ。外国人の目に如何思はれるかと許り考へるのは奴隷根性だ」（同一七日、自主氏）

「明治神宮を造りては宗教的色彩を帯ぶ、異教徒に対して不都合なりと云ふ北海道民の不心得を余は日本臣民として感ず。神宮に対するは国民の至情感情美なり。感情美の窮極、宗教美と一致するかも不知。そは第二の問題なり。異教徒云々は腰抜議論也」（同一八日、純日本人氏）

「百年の後の銭勘定や異教徒に対する都合や、ソンナ分別臭き事は第二の問題なるなり。此至誠至純烈々たる感情は銅像や図書館位の非情的建物で満足し得ると思ふか。思ひ得る人は余程冷血的情性の人と云ふべし」（同二一日、非学者氏）

いずれも神宮反対派へのいら立ちを隠さない筆致であるが、要約すれば〝天皇を思う「感情美」をこめる対象としては神社が適切であり、他のものでは決して代替できない。天皇を思う「感情美」が最重要だから、たとえ神社が宗教で不都合が生じてもかまわない〟となろう。

あと付けではあるが、ここで反対派としては、「感情美」をこめる対象を神社に限定すべきではないと主張すればよかったように思える。賛成派は「感情美」を理解できない者はまともな日本人ではない、と理屈抜きで切り捨てるのだから。

だが、反対派は賛成派が納得する対案を出すことができなかった。それどころか、反対派の一人が「篤学有識の学者賢者」は神宮建設論を「愚案」と思っていると上から目線でつついたため、反対派からはこれまた猛烈な反発が起こり、まともな対話が不可能になってしまった。しかも、反対派の別の一人が「不可解なのは〔天皇重態時に〕祈祷の場所を二重橋前に選んだ心理如何である」（同二八日、牛門壮士）とさらに藪蛇をつついてしまい、これに対して賛成派が「感情美」で擁護したために、明治神宮創建を求める「感情美」は、前月の二重橋前での平癒祈願と重ね合わせられることになった。

先に見たように、二重橋前平癒祈願で見出された「感情美」とは、「形」の多様性を前提としたうえでの精神的一体感（形はさまざま／心はひとつ）であり、神社は必要条件でも何でもなかった。ところがこの論争において、推進派が「感情美」を押し出したのに対して反対派がもっぱら「理性」「知性」で対抗したために、天皇を思う「感情美」は神宮推進派の専有物となってしまった。反対派は自分たちにも天皇を思う「感情美」はあると主張することは思いもよらず、まことにスムーズに「感情美」の共同体から排除されたのである。

ここにおいて、「天皇を思う真心（感情美）は、神社を通さなければならない」（形も心もひとつ）という方程式が確立した。「皇室＋神社」という結びつきに異を唱える人々の意見を封殺する「民意の抑圧」が明確に姿を現した瞬間である。

注意したいのは、このプロセスには政府や神社界といったような「国家神道」の主要な推進役として従来の研究で目されてきた勢力が全く登場しないということである。「感情美」こそが至高であり、神社が「宗教」であってもかまわない、と言い切ってしまう意見が、様々な人々が自発的に投稿した投書欄において公然と主張された。「上から」の動員が介在しない〝民主的〟な言論空間こそが、神社に違和感を持つ人々を理屈抜きで排除する国民感情の公然たる表出を可能にしたのである。

やがて明治神宮創建決定の既成事実化とともに、反対論は社会から消えていく。「アーメン」の叫び声さえ混じっていたはずの明治天皇平癒祈願における「感情美」の多様なあり方は忘却の彼方へと追いやられ、二重橋前平癒祈願の「感情美」が明治神宮を誕生させたという語り方が定着していく。こうして自明化された「皇室＋神社」という結びつきは、一九二〇年に明治神宮が創建されて多数の参拝客が訪れるようになったことで、いよいよ揺るがし難い既成事実となっていく。

従来の「国家神道」の議論でほとんど考慮されていないことなのだが、明治神宮に大勢の参拝者がつめかけるようになった「事実」は、その後の神社神道のあり方にきわめて大きな影響を及ぼした。ある内務官僚が「〔明治神宮創建〕から後には大蔵省に往って、神社のことについての予算の談判をするにも、気楽に談判が出来るやうなことになった」（神祇院教務局調査課編『神社局時代を語る』一九四二、復刻『近代神社行政史研究叢書V』神社本庁教学研究所、二〇〇四、五五頁）と回想しているように、明治神宮の賑わいは神社行政全般に明るい光を注ぎ込むほどのインパクトをもたらしたのである。

さらにいえば、明治神宮は東京の正月参詣も大きく変えた。従来は浅草寺・成田山・川崎大師といった寺院が人気を集める「寺社」の参詣であったが、明治神宮が「初詣の中心神社」となることで「社寺」の参詣へと姿を変える。また、毎年異なる方角の寺社に参詣する恵方詣は、明治神宮が誕生すると急速に衰退した。恵方に関係なく毎年明治神宮に参拝する「初詣」が人気を集めるようになったからである。

正月にかぎらず明治神宮は「中心神社」としての機能をはたすようになる。一九二六年一二月の大正天皇重態時の平癒祈願の新聞報道をみると、圧倒的に大きい比重を占めているのは「二重橋前+明治神宮」である。仏教は「神社仏閣」「神仏」という表現もみられるなど一定の存在感を見せてはいるが、一九一二年と比較すると明らかに比重が低下している。そして、キリスト教徒への言及はほぼ皆無である。実際には彼らも平癒祈願を行っていたのであるが、報道では不可視化されたのである。

乃木殉死

時を一九一二年に戻す。明治神宮創建論争の直後に、再び「国民の感情」を沸騰させる出来事が生じた。乃木夫妻の殉死である。

明治天皇大喪の当日に乃木夫妻が自殺したことが翌日の新聞で報じられると、市井はこの話題で持ち切りとなった。前月に明治神宮創建をめぐる投書欄をもうけた『東京朝日新聞』は「乃木大将殉死に関する寄書」と題した投書欄をふたたび設けたが、これは殉死が報じられた直後から多数の投書が寄せられ始めたためであった。ある学生からの投書（九月一九日、櫻岡生）は、この一報以来、同級生は「皆武士道崇拝者」となり、「切腹の方法や之を実行する機会を如何にして見出すべきかの研究に熱中」していると述べている。知識人のあいだでは殉死賛美に対する慎重論もあったが、民衆のあいだで熱狂的ブームを迎えていた浪花節のメンタリティと見事に合致する出来事だったこともあり、国民の多数は熱狂に傾いた。

この投書欄で興味深いのは、乃木夫妻の墓を明治天皇陵の敷地内（あるいは隣接した場所）にもうけるべし、という意見が多数みられるということである。一例をあげる。

「余は希ふ。乃木大将の忠志を容れて同夫妻を特に桃山御陵の域内に埋め以て終るに明治天皇の守護たらしめよ。我有司、宮内官等非常識なる古式や典礼に拘泥して活きたる此処置をなし能ふや否や。由来彼輩は君側に蟠居《ばんきょ》して皇室を我物とし国民と遠ざけんとす」（九月一八日）

「忠志」「活きたる此処置」という言葉からもわかるように、乃木の明治天皇への忠義心、それに熱い思いを感じる国民の心情を絶対化しており、高官たちが「古式や典礼」をたてにこの提案を阻むと予想したうえで、彼らが皇室を国民から遠ざけていると批判する。別の投書（九月二四日）はさらに踏み込んで、桃山御陵とその近くに設けた乃木夫妻の墓を将来の国民が巡拝することを求めている。結局、乃木夫妻は青山墓地に葬られたが、そのかわりに、桃山御陵のそばに乃木神社が一九一六年に建てられた。墓が無理であればかわりに神社を……というのは、明治天皇死去直後の明治神宮創建運動とまったく同じ構図である。

殉死の直後から「明治天皇＋乃木」をセットにした記念商品の新聞広告が多数出たことも示すように、この両者は分かちがたいものとして捉えられるようになっていく。明治天皇のすぐれた伝記である飛鳥井雅道の『明治大帝』は、「乃木伝説」と題した終章で乃木殉死を論じ、大逆事件後の社会不安の中で「国民的アイデンティティを求めたいとする意識は、乃木をとおして天皇像を逆につくりだしてゆくところに、かろうじて成立した」と指摘している(飛鳥井、一九八九、二八一頁)。慧眼というほかない。

「国民の感情」の特徴

以上みたように、一九一二年は天皇の重態・死去および乃木の殉死によって六〇日ほどにわたって集団熱狂が渦巻いた年だった。このときの「国民の感情」と大逆事件によって生じた「体験」重視の思潮を比較してみると、非常によく似た特徴が見いだせる。

第一に、一貫して「身体」が重要な役割をはたしている。前節でみた大澤の主張は、伊勢神宮に参拝して「感涙」を流したという自身の「身体」による「体験」を根拠とした。明治天皇重態時の平癒祈願では、土下座や祈祷という土俗的な「身体」行為がかえって熱烈に天皇を思う「感情美」を表しているとして感激のエスカレーションが起こり、さらに乃木殉死はこの「感情美」を「身体」で表した窮極の行為と捉えられたため熱狂が極限化した。

第二の特徴は、「知性」への懐疑あるいは反発である。大逆事件に対して、大澤は「知性」を相対化して参拝の「体験」という「身体」性の境地へと舵を切った(引用した論説のなかで〝都会の知識人〟と二重に対極的な「年老いた一人の農夫らしい者」が理想的に語られていることに注意したい)。集団熱狂が渦巻いた一九一二年には、「学者」たちの「知性」に対して猛烈な攻撃が起こった。明治神宮創建論争では、反対派が「篤学有識の学者賢者」は神宮創建を「愚案」と見なしていると主張すると（八月二〇日、本郷の一民）、賛成派から猛反発が起こり、「世人は多くは無智であります、されど其無智なるが為めに心は案外真直であり、才智に煩はされぬ清浄な心を保つて居ます」（同二八日、純日本人氏）と、「知性」を持たないことをむしろ積極的に評価する意見すら出た。

興味深いことに、翌月の乃木殉死の際は、速報が出た直後から（つまり、識者の慎重論が公表される前から）、「乃木大将はエライこツたすな。不言実行をやりはつた。学者は屁理窟許り言ひよるけど大将はエライ」と「学者」への不満が人々の口にのぼりはじめていた（九月一五日「御埋柩当日の京伏見　乃木大将の話で持切る汽車電車」）。きわめつけは、「哭乃木大将」と題する川柳欄に掲載された「学者聞け腹を切るのは痛いぞよ」（同二三日「朝日柳壇　哭乃木大将」）という句である。「当たり前だ。馬鹿らしい」と笑いとばす者もいたであろう。だが、その嘲笑的態度こそが反感の標的になっていた。この句から滲み出るのは、理屈でわかっていても、本当に身を切る思いで乃木の思いを感じ取っているのか！——という思いである。このとき、幸徳ら優秀な知識人たちが大逆事件を起こしたと国民に印象づけられてからわずか二年しかたっていないということを、決して忘れるべきではない。

第三の特徴は、第一と第二の結果として、同じ「涙」や心情を共有しない（できない）他者への理屈ぬきの排除である。「伊勢大廟を拝して敬虔の極涙を流さざる者は日本国民に非ず」という大澤の言葉はすでに紹介した。明治神宮創建推進派が反対派を「冷血」呼ばわりしたことも示すように、「日本人ではない」を通り越して「人間ではない」とまで言い切ることも珍しくなかった。これは教育程度の低い人々にかぎったことではなく、新聞記事も二重橋前平癒祈願の光景を見て泣かない者は「非人《ひとにあらず》」（『万朝報』七月二八日

「東西南北」）と断言し、新渡戸稲造も「〔乃木〕将軍の死を聞いて感ぜざるものは人に非ず」（九月一八日「武士道より見たる乃木将軍の自刃」）と言い切った。

暴力事件も発生した。平癒祈願の群衆を見物して「家で祈つても同じ事だに」と言い放った男に対して、周囲の者たちが激昂して「殴つた上、地下《ぢべた》へ頭をすり着けて詫さ」せるというリンチ事件が発生した（『万朝報』七月二九日「徹宵四百名　二重橋前の祈祷」）。乃木殉死への疑問を口にした学生は、「咄国賊天誅を加へずんばある可からず」と下校時に待ち伏せした他の学生たちによって「袋叩」にされた（前掲、櫻岡生）。

このように、一九一〇～一二年には、「感涙」、土下座、「感情美」、殉死といった「身体」をベースにした天皇尊崇の発露を至高視し、それに水をさす者（とくに「知性」を標榜する者）を排除する思潮がたびたび表出したのである。

四　「体験」と「気分」の共同体——「国民の感情」の持続

「国民の感情」の持続

もっとも、いかに集団熱狂が渦巻いたとしても、「熱しやすく冷めやすい」で終わることもあり得る。実際、乃木殉死後の熱狂について「斯様な理不尽な神州元気の発揚は甚だ物騒になつて来た。併し長つゞきはしまいと安心して居る」（前掲、櫻岡生）と楽観視する者もいた。

たしかに、暴力すら伴った「国民の感情」はそのままの熱量で持続することはなかった。しかし、見逃してはならないのは、これらの出来事の記憶はすべて伊勢神宮と明治神宮への参拝という「体験」の広がりのなかで絶えず再生されつづけていったということである。大衆ツーリズムの勃興もあいまって、初詣などの行楽を兼ねた参詣、正月や農閑期の参宮旅行、あるいは修学旅行など、様々な機会を通じて、両神宮に参拝する「体験」が広まっていく。明治神宮については、地方からの東京見物で二重橋前および乃木スポット（乃木邸・乃木夫妻の墓・乃木神社）とあわせて訪れるのが定番となった。人々はそこで感じた「気分」を、「神聖」「荘厳」「清々しい」などと異口同音に語るようになる。このように一見すると穏健な「体験」を共通項として「気分」の共同体が形成されていくなかで、「国民の感情」はしっかりと「長つゞき」していったのである。

この共同体は、参加する人々にとっては楽しみあふれるものであった。参拝そのものは厳粛にするとしても、それ以外の時間にはしばしば娯楽性が伴ったから、両神宮参拝の体験は「上から」の動員によらずとも社会のなかで自律的に拡大していく。

このようななかで、神道学者田中義能は、日本人の敬神崇祖の観念は「批評や議論の到達しないところにある〔中略〕即ち潜在意識となつて居る」と述べ、これを示す「事実」として明治神宮の初詣参拝者の多さに言及した（田中義能『神社本義』日本学術研究会、一九二六、三四四～三四七頁）。一見してわかるように、ここでは「正しいことだから、大勢の人々が集まる」のではなく「大勢の人々が集まるから、正しいことなのだ」という倒錯が生じている。だが、後世の我々からみれば倒錯であろうとも、ロシア革命や米騒動といった変動が相次ぐなかで国家統合の先行きを憂慮する人々にとって、両神宮の参拝者数が年々増加していく趨勢はまさしく僥倖であり、これほど頼もしい「事実」はなかった。

「気分」の絶対化という「民意」

多数の人々が「上から」動員されずとも、楽しみながら「体験」して「気分」を共有していくなかで、それでもあえて同調しない人には、どのような視線が向けられていったか。加藤玄智の「神社初詣での気分」と題されたエッセイをみてみよう。

「伊勢神宮や明治神宮などに参拝すると如何なる時でも、神域の霊気に触れて忽ちに魂の浄化が行はれ、何かしら厳粛な気持ちになるものですが〔中略／西行の歌の引用あり〕世の中には妙に偏した思想を持つてをつて、ともすると神社参拝を忌避する様な口吻を漏らして得々たる人もありますが、この初詣での荘厳な気分の味はえない人は実に気の毒な人だと思ひます。」（加藤玄智「神社初詣の気分」『旅』一三―一、一九三六、二頁）

典型的な「体験→気分」型の記述のあと、神社参拝を忌避する人々について「気の毒」であると述べる。同様の言説はステレオタイプ化して繰り返されていくことになる。

「気の毒」という言葉は、いちおうは抑制がきいた表現である。しかし、そこに伏在しているのは、「気分」に同調できない人を「まともな日本人」の共同体から排除する志向性である。これは筆者の深読みというわけではない。右の引用は旅行雑誌に掲載された言わば外向けの文章のため抑制がきいているが、同年同月に『国家神道』の内輪雑誌とも言える『皇国時報』に掲載された加藤の文章は、繰り返される神社不参拝問題に対して「何時になれば斯ういふ論争が止むのであるか」と痺れをきらした様子で、次のように言い放つ。

「神社に参拝をすることをやらない日本人があるとすれば、それは本当の日本人ではなく、壊れた日本人、精神的に片輪の日本人であると云ふ可きであります」（加藤玄智「今回朝鮮に起つた神社不参拝問題を耳にして」『皇国時報』五八六、一九三六、一〇頁）

「体験」に裏打ちされた「気分」への共感は、東京帝国大学出身のこの文学博士を、かくも露骨な理屈抜きの排除へと向かわせる。そして、加藤のような言い方は少数にとどまることはなかった。葦津耕次郎のように「どこまでも先方がわかるまで教へてやつたらよからう。同じく日本人である以上、譬へその宗旨がカトリツクであらうとなからうと軽々しく見棄てるわけにはゆかぬ筈である」（葦津耕次郎「神職側の反省」『国学院雑誌』三八―一二、一九三二、六六頁）と、あくまでも同じ日本人として「理」をもって説得を試みようという意見もあったが、ごく少数にとどまった。「体験」と「気分」の共同体は、非同調者を「軽々しく見棄てる」方向へと突き進んでいく。かくして、しばらくは鳴りを潜めていた「国民の感情」に潜在する非同調者排除の志向性は、昭和に入ってキリスト教徒の神社不参拝問題などで非同調者への苛立ちが発火したところで、再び明確に姿をあらわしたのである。

明治期から昭和期まで続いた神社神道界の機関誌『神社協会雑誌』を通読してみるとわかることだが、明治期には右のような「気分」の絶対化に基づいて神社参拝義務を正当化するのではなく、神社は「国家の宗祀＝非宗教」であるから宗教とは区別して国民は皆参拝すべきであるといったように、「正しいことだから参拝すべし」と主張するのが大原則であった。ところが、大正期以降の「体験」と「気分」の共同体の広がりによって、〝神社に参拝すれば荘厳な気分が味わえる。それがわからない者は、まともな日本人ではない〟という感覚が凝固していき、それが神道学の重鎮の口からも飛び出るようになったのである。

実は、この「気分」の絶対化によるプレッシャーの矛先は、神社にも向けられていった。伊勢神宮では、より一層「神聖な感じ」を求める参拝者からの要望におされて「参拝證印」が改正された。靖国神社では、世論の圧力を背景として境内の神域浄化に踏み切らざるをえなくなった。「えべっさん」として庶民に親しまれる西宮神社ですら、十日戎の際に拝殿のすぐ前に露店を置くことに「非難ノ声」が寄せられるようになり、廃止を余儀なくされた。

つまり、神社参拝の「気分」を絶対化する「民意」が神社の現状に変革を求めるという動きが、昭和に入ると明確に姿を現すのである。同じ頃、流行歌の統制が新聞などへ投書する「投書階級」からの突き上げ(「民意による検閲」)に影響されていたことを金子龍司が明らかにしているが、神社をめぐる右の動向ときわめてよく符合するように思われる。

五　おわりに

本章では、「国家神道」論など戦前日本の神社や宗教をめぐる先行研究とはかなり異なる時代の描き方をしてきた。それは、「皇室＋神社」というつながりが心情レベルで絶対化されていく過程は、知識人の言説を追うだけでは明らかにしえないと考えるからである。「神社は宗教か、非宗教か」という理論のレベルであれば、キリスト教や浄土真宗といった立場からの意見が完全に圧殺されることはありえない。実際に、このような立場からの神社神道の宗教化の現状には戦前を通じて絶えず異議申し立てがなされ続けた。

だが、本章でみたように、理屈では一度もすっきりと解決されずとも、社会では「皇室＋神社」の結びつきが心情レベルで絶対化され、これになじめない人が理屈抜きで抑圧される文脈が形成されていった。

大逆事件を契機として、〝第二の幸徳〟の亡霊に悩まされながら、「天皇への崇敬には心がこもっていなければならない」といった心情レベルでの天皇崇敬の必要性が痛感されるようになる。ただし、天皇を思う心情（「感情美」）は神社に限定されずとも発露することは可能だったはずであり、実際に、一九一二年の二重橋前平癒祈願では、一瞬とはいえ「アーメン」と叫ぶ人をも包容する「感情美」の共同体が出現した（形はさまざま／心は一つ）。だが、この「感情美」は、明治神宮創建論争を経て神社と独占的に結びつくものへと変質し（形も心も一つ）、乃木殉死の熱狂も経て、①身体、②反知性、③非同調者の排除という特徴をもった「国民の感情」として凝固する。そして、明治神宮や伊勢神宮への参拝客が増えていくという「事実」の重みが加わることで、天皇を思う「感情美」は神社に結びつくのが当たり前という感覚が広がり、これに馴染めない者がどのように理屈を並べても崩すことができない同調圧力が生じていく。かくして、天皇を尊崇できない者だけでなく、「天皇は尊崇するが、神社には違和感がある」という者さえも息がしづらくなっていったのである。

参考文献

飛鳥井雅道（一九八九）『明治大帝』ちくまライブラリー
磯前順一（二〇〇三）『近代日本の宗教言説とその系譜』岩波書店
金子龍司（二〇一四）「「民意」による検閲――『あゝそれなのに』から見る流行歌統制の実態――」『日本歴史』七九四
橋本萌（二〇二〇）『「伊勢参宮旅行」と「帝都」の子どもたち』六花出版

原武史（二〇〇三）『皇居前広場』光文社新書
兵藤裕己（二〇〇九）『〈声〉の国民国家　浪花節が創る日本近代』講談社学術文庫
平山昇（二〇一五）『初詣の社会史　鉄道が生んだ娯楽とナショナリズム』東京大学出版会
――（二〇一八）「「体験」と「気分」の共同体　―二〇世紀前半の伊勢神宮・明治神宮参拝ツーリズム―」『思想』一一三二号
藤田大誠・青井哲人・畔上直樹・今泉宜子編（二〇一五）『明治神宮以前・以後　近代神社をめぐる環境形成の構造転換』鹿島出版会
前川理子（二〇一五）『近代日本の宗教論と国家』東京大学出版会
山口輝臣（二〇〇五）『明治神宮の出現』吉川弘文館

編者紹介

島薗進（しまぞの・すすむ）
一九四八年生まれ、東京大学大学院人文科学研究科博士課程単位取得退学、東京大学名誉教授、上智大学教授。

末木文美士（すえき・ふみひこ）
一九四九年生まれ、東京大学大学院人文科学研究科博士課程単位取得退学・博士（文学）、東京大学名誉教授、国際日本文化研究センター名誉教授。

大谷栄一（おおたに・えいいち）
一九六八年生まれ、東洋大学大学院社会学研究科社会学専攻博士後期課程修了・博士（社会学）、佛教大学教授。

西村明（にしむら・あきら）
一九七三年生まれ、東京大学大学院人文社会系研究科基礎文化研究専攻宗教学宗教史学専門分野博士課程単位取得退学・博士（文学）、東京大学准教授。

本論執筆者紹介

末木文美士（すえき・ふみひこ）

一九四九年生まれ、東京大学大学院人文科学研究科博士課程単位取得退学・博士（文学）、東京大学名誉教授、国際日本文化研究センター名誉教授。

岩田文昭（いわた・ふみあき）

一九五八年生まれ、京都大学大学院文学研究科博士後期課程学修退学・博士（文学）、大阪教育大学教授。

福島栄寿（ふくしま・えいじゅ）

一九六五年生まれ、大谷大学大学院博士後期課程修了・博士（文学）、大谷大学文学部歴史学科教授。

赤江達也（あかえ・たつや）

一九七三年生まれ、筑波大学大学院博士課程社会科学研究科修了・博士（社会学）、関西学院大学社会学部教授。

齋藤公太（さいとう・こうた）

一九八六年生まれ、東京大学大学院人文社会系研究科博士課程修了、神戸大学人文学研究科講師。

林淳（はやし・まこと）

一九五三年生まれ、東京大学大学院人文科学研究科修了・博士（文学）、愛知学院大学教授。

小川原正道（おがわら・まさみち）

一九七六年生まれ、慶應義塾大学大学院法学研究科博士課程修了・博士（法学）、慶應義塾大学法学部教授。

平山昇（ひらやま・のぼる）

一九七七年生まれ、東京大学大学院総合文化研究科博士課程修了・博士（学術）、神奈川大学准教授。

コラム執筆者紹介

江島尚俊（えじま・なおとし）

一九七七年生まれ、大正大学大学院文学研究科博士後期課程単位取得退学・博士（文学）、田園調布学園大学人間福祉学部心理福祉学科専任講師。

繁田真爾（しげた・しんじ）

一九八〇年生まれ、早稲田大学大学院博士課程修了、日本学術振興会特別研究員。

粟津賢太（あわづ・けんた）

一九六五年生まれ、創価大学大学院文学研究科博士課程単位取得退学・博士（社会学）、上智大学大学院実践宗教研究科客員研究員。

佐藤一伯（さとう・かずのり）

一九六九年生まれ、國學院大學大学院文学研究科神道学専攻博士課程後期修了・博士（神道学）、御嶽山御嶽神明社宮司、國學院大學研究開発推進機構共同研究員。

吉永進一（よしなが・しんいち）

一九五七年生まれ、京都大学文学研究科（宗教学専攻）博士後期課程学修退学、龍谷大学世界仏教文化研究センター客員研究員。

岩田重則（いわた・しげのり）

一九六一年生まれ、早稲田大学大学院文学研究科博士後期課程史学（日本史）専攻課程修了退学・博士（社会学、慶応義塾大学社会学研究科）、中央大学総合政策学部教授。

近代日本宗教史　第二巻
国家と信仰――明治後期
二〇二一年一月二十日　第一刷発行

編　者　島薗　進・末木文美士・大谷栄一・西村　明
発行者　神田　明
発行所　株式会社　春秋社
東京都千代田区外神田二―一八―六（〒一〇一―〇〇二一）
電話〇三―三二五五―九六一一　振替〇〇一八〇―六―二四八六一
https://www.shunjusha.co.jp/
印刷・製本　萩原印刷株式会社
装　丁　美柑和俊
定価はカバー等に表示してあります
ISBN 978-4-393-29962-3

近代日本宗教史［全6巻］

第1巻　維新の衝撃——幕末〜明治前期

明治維新による国家の近代化が宗教に与えた衝撃とは。過渡期に模索された様々な可能性に触れつつ、神道、仏教、キリスト教の動きや、西洋思想受容の過程を論じる。(第1回配本)

第2巻　国家と信仰——明治後期

近代国家日本として国際社会に乗り出し、ある程度の安定を得た明治後期。西洋文化の受容により生まれた新たな知識人層が活躍を見せる中で宗教はどのような意味を有したのか。(第3回配本)

第3巻　教養と生命——大正期

大正時代、力を持ってきた民間の動きを中心に、大正教養主義や社会運動、霊能者やジェンダー問題など新たな思想の流れを扱う。戦争に向かう前、最後の思想の輝き。(第2回配本)

第4巻　戦争の時代——昭和初期〜敗戦

天皇崇敬が強化され、著しく信教の自由が制限されるなかで、どのような宗教現象が発生したのか。戦争への宗教の協力と抵抗、そしてナショナリズムの思想への影響を考察する。(第5回配本)

第5巻　敗戦から高度成長へ——敗戦〜昭和中期

敗戦により新たな秩序が生まれ、焦土から都市や大衆メディアが立ち上がる。「神々のラッシュアワー」と表現されるほどの宗教熱の高まりとは何だったのか。新たな時代の宗教現象を扱う。(第4回配本)

第6巻　模索する現代——昭和後期〜平成期

現代の閉塞感のなかで、宗教もまた停滞するように思われる一方、合理主義の限界の向こうに新たなニーズを見いだす。スピリチュアリティや娯楽への宗教の関わりから、カルト、政治の問題まで。(第6回配本)